Julius Meier-Graefe

Auguste Renoir

Verlag
der
Wissenschaften

Julius Meier-Graefe

Auguste Renoir

ISBN/EAN: 9783957004888

Auflage: 1

Erscheinungsjahr: 2015

Erscheinungsort: Norderstedt, Deutschland

Hergestellt in Europa, USA, Kanada, Australien, Japan
Verlag der Wissenschaften in Hansebooks GmbH, Norderstedt

Cover: Auguste Renoir: "Tanz im Moulin de la Galette"

Julius Meier-Graefe
AUGUSTE RENOIR

Auguste Renoir.
Photographie nach dem Leben, gegen 1900.

JULIUS MEIER-GRÆFE

AUGUSTE RENOIR

MIT HUNDERT ABBILDUNGEN

ZWEITE AUFLAGE
VIERTES UND FÜNFTES TAUSEND

MÜNCHEN 1920
R. PIPER & Co. VERLAG

VORWORT
ZUR NEUEN AUFLAGE

Der Text blieb seit der im Jahre 1911 erschienenen ersten
Auflage im wesentlichen unverändert. Nicht weil ich
ihn für hinreichend erachte, sondern weil der gegebene
Rahmen für die wünschenswerte Revision nicht ausreicht
und weil uns der Krieg von der Produktion der letzten
Lebensjahre Renoirs ferngehalten hat. Daß die letzte Zeit
bei einem so breit angelegten Genie die beste sein mußte,
das stand für jeden, der Einblick in den Entwicklungs-
gang des Meisters gewonnen hatte, außer Zweifel. Einzelheiten habe ich inzwischen in Aufsätzen zu ergänzen versucht, namentlich in der Studie, die in der Zeitschrift
„Kunst und Künstler" im Jahre 1916 erschienen ist.
Renoir starb am 3. Dezember 1919 in seinem Hause in
Cagnes im Alter von 78 Jahren.

Dresden, Januar 1920.   M.-G.

Renoir in seinem Atelier (1914)
Auf der Staffelei das Bildnis von Tilla Durieux

AUGUSTE RENOIR

Man kann den Namen Renoir nicht aussprechen, ohne sich einer Vorstellung melodiöser Rhythmen hinzugeben. Von Fragonard gilt dasselbe. Vielleicht hat schon diese gemeinschaftliche Eigenschaft der Namen den Brauch begünstigt, die beiden Künstler zusammen zu nennen. Renoir gilt als der Fragonard unserer Zeit. Man will ihn mit dem Namen, der im Lande der Liebhaber als einer der höchsten Ruhmestitel gilt, ehren. Es wird zu untersuchen sein, wieweit er den Titel verdient, und wieweit der Titel ihn verdient. Sicher trifft der wohlklingende Beiname eine tatsächlich bestehende Beziehung. Renoir ist eine Verbindung der Gegenwart mit dem Dixhuitième, und zwar die deutlichste, so deutlich, daß man an eine Absicht des Vermittlers glauben könnte. Er ist keineswegs die einzige.

Wer wird je ergründen, was die großen Anarchisten unserer Zeit dem krausen Stil einer scheinbar so fernen, so feindlichen Vergangenheit verdanken? Wer schreibt die Geschichte des Barocks im 19. Jahrhundert? Jenes wenig greifbaren Barocks, das Delacroix' ganzes Oeuvre wie eine gewaltige Woge bewegt, das dem Naturalismus Courbets widerstand und von Manet vergeblich bekämpft wurde, das Rodin in Höhen und in Untiefen trieb, in Monets besten Bildern die Pinselstriche kräuselte, in Cézanne zu dem phantastischen Bau seiner Mystik wurde, van Gogh zu inbrünstigen Visionen hinriß und noch in den verhaltenen Empfindungen der Jüngeren, eines Bonnard, eines Roussel spielt, wie flache Lachen des Meers auf sandigen Dünen.

Neben den Gewalten, die den Genius der modernen Kunst von allen Banden zu befreien suchen, neben dem Neuen, das immer zuerst bemerkt wird, das die Schlagworte und Schlachtrufe formulierte und gewissermaßen die Repräsentation übernahm, erscheint jenes Barock, das im stillen wirkte und auch heute noch kaum beachtet wird, wie das erhaltende Element, das zusammenfügt, was die revolutionären Mächte gesprengt haben. In jedem großen Künstler Frankreichs wirken beide Gewalten zusammen. Wo sie sich nicht irgendwie ausgleichen, wo der eine Teil den anderen endgültig besiegt, das Neue jede Teilnahme des Barocks ausschließt, erscheint der dauernde Wert des Resultats in Frage gestellt, und keine Neuerung, die dem Organismus der Kunst zugute kommt und unter Umständen in den Werken anderer glücklicherer Künstler zur Schönheit beiträgt, kann das Los des kühnen Erfinders mildern, der alle Brücken hinter sich zerstörte. Erst das Alte, das wir mit dem weiten Begriff des Barocks zusammenfassen, macht Neues wirksam, sowie jede Erfahrung nur infolge ihrer Beziehungen zu unserem Fundus von Erfahrungen bestehen kann. Wir sehen da die bedeutendsten Werte, wo der Ausgleich am tiefsten geht, wo das Neue sich ganz mit Altem durchsetzt und trotzdem seine schöpferische Kraft ungebrochen behält.

Das an Ereignissen arme Leben Renoirs, das heute bis zu seinem siebzigsten Jahre vor uns liegt, ist ein solcher Ausgleich. Aber man fürchte nicht, in diesem für die Größe der Aufgabe viel zu geringen Buche viel Problematisches zu finden. Zu dem Ausgleich Renoirs gehört die Ferne von gedankenblasser Grübelei. Man würde falsche Vorstellungen von der glücklichen Erscheinung des Künstlers erwecken, wollte man die Dinge, die ihn beschäftigten, nicht mit ebenso leichter Hand andeuten, wie er sie anfaßte.

Die Anfänge Renoirs verraten nichts von dem Fragonard unserer Zeit. Er zielt auf eine möglichst lebendige Darstellung der Erscheinung. Seine ersten Bilder, die uns bekannt sind, stellen den Menschen in der Natur dar und spiegeln das Erstaunen wider, das er selbst beim Anblick der menschlichen Gestalt in der Natur empfand. Die hohen malerischen Qualitäten verdecken nicht das Primitive des Eindrucks. Die Kraft wirkt so überzeugend, weil sie sich keiner versteckten Wege bedient. Es ist die Zeit des Courbetschen

Einflusses. Keiner der Impressionisten zeigte den Einfluß deutlicher als Renoir zu Beginn seiner Laufbahn. Zwei Verwandte scheinen sich zu begegnen, und manches bleibt ihnen auch später gemein. Etwas von dem animalischen Instinkt Courbets scheint dem Jüngeren gegeben. Und er hat dieselbe reiche Produktivität, für die keine Fläche zu groß ist, dieselbe Rapidität des Schaffens. Manet, Cézanne und Degas dürften zusammen kaum so viel gemalt haben, als Renoir allein. Er schätzt die Zahl seiner Bilder auf Tausende. Es ist die Fruchtbarkeit, mit der wir uns gern den Enthusiasmus des Genies gepaart denken. Aber damit erschöpft sich eigentlich die Beziehung zu dem Meister von Ornans. Renoirs reifsten und reichsten Gemälden fehlt die Bravour des Vorgängers. Es fragt sich, ob wir ihm unbedingt die „finesse dans le doigt" zusprechen können, für die es keine Schwierigkeit gibt, jene Maestria Courbets, die mit allen Geheimnissen der alten Meister jonglierte. Er hat eins voraus. Es ist keine Gabe des Malers, sondern steckt hinter dem Organ, jenseits der Fingerspitzen, jenseits des Auges. Es nötigt uns ebensosehr, den Menschen über den Menschen, wie den Künstler über den Künstler zu stellen, und trägt dazu bei, das Verhältnis Renoirs zu den großen Künstlern seiner eigenen Zeit zu bestimmen. Er ist der natürlichste unter ihnen. Natürlicher als Courbet trotz oder gerade infolge des Courbetschen Dogmas vom Naturalismus, natürlicher als Manet, Cézanne und Degas, so seltene Aufschlüsse wir ihnen über die Natur, die ein Künstler zu suchen hat, verdanken. Weil in ihm die Spannung des Menschen vor der Natur weniger scharf hervortritt, weil er der Naivste unter ihnen ist, weil aus seinen Werken neben aller Pracht, neben einer auf die Spitze getriebenen Verfeinerung der Gabe, neben der größten Kühnheit und kühlsten Weisheit des Meisters ein Kinderlächeln bricht, ein primitiver, unwiderstehlicher Naturlaut. Die anderen stehen alle unter dem Zeichen unserer Zeit, des Kampfes. Sie ringen mit der Natur, reißen sie an sich, das Dämonische krümmt ihre Gesten. Dieser eine scheint mit ihr geboren, gleich einem Griechen, einem Poussin, einem Mozart. Er malt, wie der Vogel singt, wie die Sonne scheint, wie Blumen blühen. Nie hat man so kunstlos geformt. So greift der Säugling nach der Mutter Brust. Ein Instinkt wird Schöpfung.

I.

Renoir begann im bequemen Geleise der Romantik. Er war 1863 wie so viele andere beginnende Meister vom Salon refüsiert worden. 1864 wurde er mit einem Gemälde „Esmeralda" zugelassen. Da dieses Bild und die wenigen anderen derselben Richtung von ihrem Urheber zerstört wurden, können wir uns keinen Begriff von dem Debüt machen. 1865 stellte er, wie Duret berichtet*), ein Frauenbildnis und eine „Soirée d'Eté" aus, die bereits den Naturalismus verraten, aber kaum wesentlich sind.

Merkwürdiger erscheint das große Gruppenbild, „Le Cabaret de la Mère Anthony"**), das im Januar 1866 in Marlotte, der alten Sommerresidenz der Maler, entstand. Rechts im Hut sitzt Sisley, der Intimus Renoirs, den er oft gemalt hat, daneben ein Maler Lecoeur Hinter seinen Rücken macht sich die damals wohlbekannte Mère Anthony zu schaffen. Der stehende Rapin, der sich gerade eine Zigarette dreht, ist Renoir selbst. Daneben räumt die hübsche Nana, die Tochter der Wirtin, von deren weitem Herzen Wunderdinge erzählt werden, das Geschirr des Frühstücks ab. Auf der Rückwand zwischen gekritzelten Noten und Versen ein paar Karikaturen von Musikern. Die gespenstische Gestalt links ist Murger, dessen Geist man auch ohne dieses Signum in dem Bilde spüren würde. Es ist eine sehr lockere Improvisation in bräunlichen Tönen, ohne jeden Ehrgeiz gemalt. Die Köpfe scheinen ebenso spielerisch aus weicher Laune enstanden wie der schnurrige Pudel, den ein Kind gezeichnet haben könnte. Aber dem Kindlichen gelingt, was oft der Bewußtheit entgeht. Man spürt diese Menschen, und nicht nur sie selbst, auch das, was sie gemein haben, die Art ihres Zusammenseins, ihre ganze harmlose Existenz. Wohl fehlt die geringste Andeutung der strahlenden Palette, ohne die wir uns heute keinen Renoir denken können. Aber die noch ungelenke Hand kündigt uns mit bedeutungsvolleren Zeichen jene seltene räumliche Fülle an, die auch nach Abzug der rauschenden Farbe von allen Gemälden des Meisters zurückbleibt.

Die 1866/67 gemalte „Diane Chasseresse"***), die 1867 vom Salon refüsiert wurde, verrät im Motiv und manchen Details die

---

*) Les Peintres Impressionistes (Floury, Paris 1906).
**) Gegenwärtig im Besitz des Bronzenverlegers Hébrard in Paris.
***) Sammlung Viau in Paris.

Le Cabaret de la Mère Anthony. 1866. (1,30 : 1,95)
Früher Sammlung A. A. Hébrard, Paris.
Photographie Druet.

Abhängigkeit von Courbet. Aber man erschöpft mit dieser leichten Erkenntnis nicht jede Eigenschaft des Werkes. In der großen kühn komponierten Gestalt steckt ein enthusiastischer Schwung, den man unmöglich mit der selbstbewußten Art Courbets verwechseln kann. Die Farben sind im wesentlichen der Palette des Vorgängers entnommen, nicht die Anschauung, die sie verbildlichen. Der weiche Auftrag mildert den Naturalismus. Schon umhüllt sich das Fleisch mit dem warmen Rosa, das die Meisterwerke Renoirs schmückt, und man glaubt in dem Gesicht bereits die Züge des Renoirschen Frauentyps zu erkennen.

Ähnlich verhalten sich Renoirs Stilleben dieser frühen Zeit, z. B. die großen Fruchtstücke der Sammlungen Liebermann (Berlin) und Biermann (Bremen), zu manchen Stilleben des Vorbildes. Die Ähnlichkeit der Mittel bedingt nicht die Gleichheit des Resultats. Die Empfindungen der beiden im Wesen so verschiedenen Künstler konnten immer nur ganz kurze Strecken zusammengehen.

Im Folkwang-Museum in Hagen hängt das früheste Meisterwerk Renoirs, die „Lise" von 1867*). Eine ähnliche Gestalt ist die Gattin Sisleys auf dem Doppelbildnis „Ménage Sisley", das 1868 entstanden ist. Die Lise selbst kommt in dem 1869 gemalten Mädchen der Nationalgalerie in Berlin („Sommer") wieder. Renoir ist am 25. Februar 1841 geboren. Er war, als er die „Lise" malte, 26 Jahre alt.

---

*) Das Bild hat eine kleine Geschichte. Es gehörte ursprünglich Théodore Duret. Dieser hatte 1872 Renoir bei Degas getroffen. Wie er mir erzählte, machte damals der Maler einen recht bohémienhaften Eindruck und schien nicht das Notwendigste zu haben. Degas lobte Renoirs Anlagen, und daraufhin sah sich Duret ein paar Bilder an, die bei kleinen Händlern des Montmartre herumstanden. Er kaufte damals für 400 oder 500 Frs. das junge Mädchen (die zweite Lise), von dem oben die Rede ist, das sich heute in der Nationalgalerie befindet. Als er Renoir wieder traf, freute sich dieser nicht wenig über den Kauf, meinte aber, es sei Besseres zu haben. Duret war begierig, mehr zu sehen. Schließlich rückte Renoir mit dem Geständnis heraus, er habe in einem Atelier eine ganze Anzahl nicht übler Bilder, aber da er die Miete des Ateliers nicht gezahlt habe, sei er gezwungen gewesen, es aufzugeben und die Bilder dem Concierge als Deckung zu überlassen. Dieser sei befugt, alles zu verkaufen. Vielleicht könne Duret einige Bilder kaufen und dadurch die Schulden decken, die gegen 700 Frs. betrugen, und womöglich bekäme er, Renoir, dann den anderen Teil heraus. Duret ging in das Atelier, fand viele Bilder, unter denen ihm die Lise am besten gefiel. Das Bild lag zusammengewickelt am Boden, weil der Concierge den Keilrahmen zu Gelde gemacht habe. Die Leinwand hatte niemand gewollt.

Diane Chasseresse. 1866/67.   (1,32 : 1,97)
Früher Sammlung Viau, Paris.
Photographie Druet.

Wir blicken in ein Waldinneres. Es ist der Wald von Fontainebleau. Dunkle Töne von Grün, Rot und Braun bilden den feuchten Schatten. Vor einem mächtigen Baumstamm, auf dem ein paar Sonnenflecke perlmutterhaft glühen, erscheint wie ein Märchen die weiße Dame. Das Weiß ist der wunderbare Mull unserer Großmütter, duftig und durchsichtig. Es läßt deutlich das härtere Weiß des Unterkleides durchscheinen. Wie eine Wolke umgibt es die volle Figur, die prachtvollen Arme und läuft bis tief auf die Hand, die den Battist hält. Hier sitzt das süße Bändchen, das den Ärmel einzieht. Die andere Hand hält den kleinen Sonnenschirm mit dem geschnitzten Elfenbeingriff und den schwarzen auf weiß gezogenen Spitzen. Wieder ein neues Weiß tritt in dem Hut mit der schmalen Krempe hinzu, und endlich das schönste: das Fleisch. Man könnte fast den Vergleich mit dem Papstporträt des Velasquez wagen. Freilich nicht um von der Pracht des Modernen einen Begriff zu geben. Dieser Begriff wäre immer verkehrt. Schmucklos, bürgerlich, fast unbeholfen stände das Bild neben dem fürstlichen Virtuosenstück des Spaniers. Der Prunk des Papstbildnisses, der das Kabinett in der Galerie Doria zu einem Juwelenschrein verwandelt, ist der weißen Dame unerreichbar. Sie stammt aus einer stilleren Welt. Der Vergleich mag uns lehren, wie der Künstler unserer Tage auf einem Wege, der dem des alten Meisters stückweise nicht zu fern scheint, zu einem ganz anderen Resultate gelangt. Auch der Innozenz wirkt durch die Hülle. Man mag sich noch so tief in das dämonische Antlitz hineinsehen, nie käme es zu dem Eindruck ohne das Farbige der Kleidung. Hier umspielt das vielgeartete Weiß die Röte eines männlichen, alles Sinnliche des Mannes widerstrahlenden Gesichtes. Die Umhüllung des linken Armes scheint aus Schaum gemacht, unter dem man die Haut deutlich bemerkt. In der „Lise" Renoirs dient die Malerei der Frau. Hier ist das Weiß nicht Schaum,

Duret bot 1200 Frs. dafür, eine für die Zeit exorbitante Summe, die Renoir mit Freuden annahm. — Eine kleine Zeichnung nach dem Bilde figurierte als Titelbild in der Broschüre Durets „Les Peintres Impressionistes" (Heymann & Perois, Paris 1878). Später tauschte Duret das Bild mit Durand Ruel gegen den Puvis, der sich jetzt bei Moreau Nélaton befindet. Durand Ruel schätzte das Bild gering und verkaufte es vor einem halben Dutzend Jahren für den zehnfachen Preis dessen, was Duret gezahlt hatte, an Osthaus. Heute würde eine weitere Verzehnfachung des Preises kaum den Marktwert des Bildes übersteigen.

Lise. 1867. (1,13 : 1,80)
Folkwang - Museum, Hagen i/W.
Photographie Durand Ruel.

sondern Duft. Es umspielt in vielen Nuancen das Rundliche, Weiche, Kühle des Frauenkörpers. Viel zarter sind die Töne gestimmt, so zart, daß das Schaumige des Velasquez fast materiell erscheint und der rote Lüster des Ornats zu einem Greifbaren wird, etwa zu einem kostbaren Rahmen, während er doch inniger zu dem Bilde gehören müßte. Hier beginnt die eigene Wirkung des Modernen. Wie das Kleid viel inniger zu dem Körper gehört, so scheint die Malerei dem ganzen Wesen der Frau, die da vor uns steht, näher zu kommen, einem Wesen, dessen verschwiegene Eigenheiten der Kunst eines Velasquez so fern lagen wie seiner Zeit die stille Existenz solcher weißen Damen. Diese Vertrautheit mit dem Intimen könnte den Modernen verkleinern. Eine so vollendete Interpretation des Frauenhaften könnte feminin erscheinen. Der Vergleich belehrt uns eines Besseren. Der Maler unserer Zeit scheint dem Modell viel weniger untertan, als Velasquez seinem Papste. Sein Blick ist geschärft, nicht verweichlicht. Das Verschwiegene seiner Art kommt aus Widerständen zum Vorschein, und man errät mehr davon, als man sieht. Nur einer starken Männlichkeit ist der schöpferische Instinkt dem Frauenhaften gegenüber gegeben. Dieses Männliche — derber, einfältiger, kindlicher als der Sinn des Velasquez — spürt man durch die weiße Dame hindurch. Es steht hinter ihr wie der mächtige Baumstamm, an den sie sich anlehnt, und verträgt sich merkwürdig mit dem Duftigen der Erscheinung. Ja, erst diese Mischung läßt den vollen Reiz der Zartheit entstehen.

Diese Widerstände glaubt man in allen Einzelheiten des Malerischen wiederzufinden. Die vielen weißen Töne scheinen sich mit dem Reiz von Kontrasten auszustatten, neben dem mächtigen Gegensatz zwischen dem prunkenden Schwarz der Schärpe und dem Rot gewisser Details. Nur dieser ganz einfache starke Gegensatz scheint das feine Spiel im Weiß zu ermöglichen. Der Fleischton wird von dem Rot gewärmt, das von den Korallen des Ohrgehänges über das Band am Hals bis schließlich zu dem gelbrosa Teint des Gesichtes eine Tonleiter von wohl abgewogenen Intervallen durchläuft, den Schnee des Kleides noch weißer und zarter erscheinen läßt und selbst von dem kühleren Weiß die Wärme erhält. Alle diese vielen Töne kommen nur, sobald man sie sucht. Sie verschwinden, sobald man das Märchen erblickt, die weiße Dame in dem Schatten des Waldes. Und daher mag es kommen, daß sie uns nicht wie Zeichen einer virtuosen Form, sondern wie zuckende Teile lebendiger Empfindung erscheinen. In der Virtuosität, die alle Unebenheiten der Einzelheit in Prunk vergräbt, steht sicher der alte Meister höher. Aber wir wissen kaum, ob wir nicht in der Unbeholfenheit, die manche Details des Modernen verraten, eine größere Geschicklichkeit erblicken sollen. Diff renziertere Mittel, größere Einfalt in der Verwendung — darin eruht die Überlegenheit Renoirs über Velasquez. Und alle Üppigkeit des spanischen Hofmalers vermag sie nicht zu verdecken. Fast dieselben Eigenschaften sichern Renoirs Stellung gegenüber seinen beiden Zeitgenossen, an die das Bild auf den ersten Blick erinnert. Ohne Courbet, ohne Manet*) wäre die „Lise" nie entstanden. Aber was die beiden dem Jüngeren gaben, scheint nur das Gefäß, dem er den Inhalt verlieh. Schon von diesem Frühwerk aus, das die Handschrift des werdenden Meisters nur ahnen läßt, überblickt man die unverkennbare Eigenheit Renoirs, die ihn von den beiden Koryphäen scheidet. Im Wettkampf Manets mit Courbet siegten die verfeinerten Waffen des Aristokraten, von einem höheren und moderneren Intellekt geführt, gegen eine unverhältnismäßig größere Stärke. Dem Massenhaften des Vorgängers stellte Manet eine straffere Konzentration entgegen. Das läßt ihn uns mit Recht geistiger erscheinen. Renoir gegenüber aber reduziert sich der Unterschied zwischen den beiden Vorgängern auf eine Differenz der Mittel, während die Zwecke nahezu dieselben bleiben. Manet übertrifft Courbet mit gewählteren Ansichten der Frau auf gewähltere und vor allem neuere Art. Das Fleisch seiner Geschöpfe ist ein destillierterer Begriff als das Fleisch der „Desmoiselles au

*) Manets Anteil ist deutlicher in den „Champs Elysées", einem Bild in Breitformat, das die Volksmenge zur Zeit der Weltausstellung von 1867 unter den Bäumen der „Champs Elysées" schildert. Ohne die Signatur würde man im ersten Augenblick schwerlich auf Renoir schließen; freilich, ebensowenig auf Manet, dessen ähnliche Motive sicher als Anreger dienten. Erst allmählich erkennt man in dem weichen Grün der Bäume und in der Art, wie Einzelheiten der Menge charakterisiert sind, Ansätze zu dem späteren Renoir. Kurios sind die unvermittelten roten Akzente in der Menge. Das Bild gehört dem Prinzen Wagram und hängt gegenwärtig in der Galerie Barbazanges. Auch in der „Grenouillère" der Sammlung Theo Behrens in Hamburg, die gleichzeitig mit dem Bilde Monets gleichen Titels entstand, ist der Einfluß Manets zu spüren.

bord de la Seine". Aber im Grunde sind nur Äußerlichkeiten schuld
daran, daß wir seine Frauen denen eines Renoir verwandter glauben
als die Weiber Courbets. Manets hochgespannter Subjektivismus
hatte nicht Zeit für das Märchen. Seinem alles Sichtbare blitzschnell
aufsaugenden Blick entging das Unsichtbare, das Renoir fühlt
und fühlen zu lassen weiß, und das nicht entbehrt werden kann,
soll sich weibliches Fleisch in Mädchen und Frauen verwandeln.

Eine kurze Etappe in dem Werdegang Renoirs erinnert an
die Entwicklung Courbets.

Auch ihn hat im Anfang die Klippe bedroht, an der die
„Lutteurs" Courbets scheiterten. Das große Bild, der „Clown
im Zirkus", datiert 1868, jetzt in der Sammlung Sternheim bei
München, zeigt die Gefahr*). Er rang schon in diesem großen,
wenig gelungenen Werke ganz wie Courbet nach einem Ausgleich
zwischen Plastizität und dem Farbigen, und er hat in vielen anderen
Werken den Ausgleich immer wieder versucht. Während Courbet
in der Regel die Klippe vermied, indem er seine Bilder, den
Gegenständen entsprechend, zur selben Zeit entweder in der alten
Tradition mit größerer Betonung der Modellierung, oder als Impressionist malte, bestand Renoir auf einer endgültigen Lösung des
Problems, und es gelang ihm, die beiden sich widerstrebenden
Elemente zu einer Einheit zu verschmelzen. Freilich, bis er dies voll-
kommen erreichte, verging geraume Zeit. Nur sorgte der Weg,
auf dem er zum Ziele strebte, dafür, daß das Heterogene der
Courbetschen Schwankungen fast immer vermieden wurde.

Den Ausgleich erleichterte die von Courbet vernachlässigte
Koloristik. Sicher wurde Renoir von dem Beispiel Manets angefeuert,
diesen Weg zu beschreiten. Aber nur zögernd schloß er sich dem
Führer an. Eigentlich blieb dem inneren Wesen des Träumers der
ungestüme Dränger immer fremd. Renoir ist stiller, gelassener, wenig
zur Aussprache geneigt, einfacher im Denken, viel reicher an Empfindung und schreckt vor allen intellektuellen Entscheidungen

---

*) Das Bild darf nicht als gültige Probe des Malers gelten, der es ohne
Sorgfalt für das Kaffee des Cirque d'hiver auf dem Boulevard des Filles de Cal-
vaire malte. Der ausbedungene Preis war 100 Fr. Der Cafetier machte Bankrott,
und das Bild blieb dem Künstler. Ein ähnliches Motiv mit zwei Gestalten, das
annähernd aus derselben Zeit stammt, „les Acrobates", befindet sich in der
Sammlung Potter Palmer in New-York.

über Gefühlsfragen zurück. Reiche Menschen können nicht konsequent sein. Vielleicht begriff Renoir den Verzicht Manets auf jede Modellierung. Nie hätte er darin eine sein eigenes Los bestimmende Lösung erblickt. Und seine Ideen über die Farbe hatte er sich selbst, so primitiv wie möglich, zurechtgemacht, wenn er damals überhaupt darüber nachdachte. Renoir besaß von Anfang an eine ganz bestimmte Farbenvision. Sie ist viel elementarer als alle anderen Besitztümer seines Genius und war längst vor dem Renoir, den wir kennen, da. Die schwarze Epoche unter dem Einfluß Courbets ist nur der Anfang des Künstlers, keineswegs der Beginn des Malers. Schon in dem armen Schneidersohn aus Limoges, der mit 13 Jahren sein Leben mit Porzellanmalerei verdiente, steckte die Koloristik des späteren Meisters. Man erkennt sie ohne Mühe im Dekor mancher Porzellanvasen, die sich aus der Zeit des Handwerkers erhalten haben. Die Verwendung reiner Farben auf lichter Unterlage, die später den Kameraden so viel Kopfschmerzen bereiten sollte, hatte der Porzellanmaler längst für sich gefunden. Auf das Weiß des Porzellans setzten sich die hellen Rosa und Blau von selbst. Fast fünf Jahre blieb der Junge Handwerker. Er kam schnell vorwärts, und man vertraute ihm bald Aufgaben an, die sonst nur bewährten Arbeitern zufielen. Er wurde, wie sein Bruder erzählt, schon von den Kameraden dieser Zeit im Scherz Rubens genannt. Diesem jüngeren und noch lebenden Bruder, Edmond Renoir, der später als Modell vieler Bilder eine gewisse Rolle im Oeuvre spielt und ihm — er war Journalist — so gut er konnte, zu helfen suchte, verdanken wir einige Nachrichten über Renoirs Handwerkerzeit*). Unter den Porzellanmalern war ein älterer

---

*) In der Zeitschrift „La Vie moderne" (Charpentier, Paris) I. Jahrgang No. 11, vom 19. Juni 1879, in Form eines Briefes an den Herausgeber Em. Bergerat. Dem Bruder verdankte Renoir wohl seine eigene gelegentliche Mitarbeit an der „Vie moderne". Es finden sich in verschiedenen Jahrgängen mehrere Zeichnungen, die er für die Zeitschrift machte, ausnahmslos Porträts, manche in einer breit behandelten figürlichen Einrahmung im Geschmack der Zeit: In No. 2 (17. April 1879) ein Bildnis des Malers Léon Riesener, des Vetters Delacroix'; in No. 5 desselben Jahrgangs Bildnis des Grafen von Beust; in No. 13 (3. Juli 1879) ein sehr reizender Mädchenkopf; in No. 14 (10. Juli 1879) Bildnis Banvilles (in demselben Heft ein Gedicht von Banville „Rue de l'Eperon", in dem Renoir erwähnt wird); im V. Jahrgang No. 51 (1883) Rosita Mauri (dieselbe Tänzerin, die Manet gemalt hat) in der Farandole; ein anderes Bildnis derselben Tänzerin in dem Heft vom 22. Dezember desselben Jahrgangs, in einer Umrahmung von der Hand eines anderen

Meister, der zu Hause in seinen Freistunden die Ölmalerei trieb,
Er wurde Renoirs erster Meister, gab ihm Leinwand und Farben,
zeigte, wie er damit verfahren müsse, und ermunterte ihn schließlich, einmal ein selbständiges Bild zu malen. Renoir machte sich
zu Hause ans Werk. Er wohnte damals bei seinen Eltern in der
Rue d'Argenteuil; sein Vater war wenige Jahre nach der Geburt
des Jungen von Limoges nach Paris gezogen. Er malte mutig darauf
los. Es war eine Eva vor dem Sündenfall. Hinter ihr in den
Zweigen wand sich eine Schlange mit geöffnetem Rachen. Als das
Opus fertig war, wurde der Porzellanmalermeister eines Sonntags
zur Prüfung ins Haus gebeten. Nach eingehender Betrachtung
erklärte er der versammelten Familie mit großer Bestimmtheit, man
solle den Jungen Kunstmaler werden lassen, denn als Porzellan-
dekorateur könne er höchstens 12 oder 15 Frs. den Tag verdienen.
Überdies prophezeite er ihm eine glänzende Zukunft. Der Rat
wurde mit Achtung angehört. Aber es fehlte jede Möglichkeit,
ihn zu befolgen. Das Studium der Kunstmalerei kostete viel Geld.
Die Eltern waren, zumal damals, in ganz ärmlichen Verhältnissen.
Renoir wäre wohl ewig Porzellanmaler geblieben, wenn nicht gerade
die Erfindung des Porzellandrucks die Handtechnik materiell ge-
schädigt hätte. Wieder einmal wurde der Niedergang eines Gemein-
wesens zum Helfer eines einzelnen. Der Junge war in verzweifelter
Lage; der kühne Wunsch, in Sèvres angestellt zu werden, schien
aussichtslos. Eines Tages bummelt er mit leerem Magen durch
die Rue du Bac und sieht einen Laden, wo bemalte durchsichtige
Stores fabriziert werden. Das Geschäft blüht, der Besitzer sucht
nach Arbeitern. Renoir bietet sich an. Der Meister macht keine
Umstände. Da ist das Atelier, am nächsten Tag kann er anfangen,
den Store zu 30 Francs. Ein menschenfreundlicher Arbeiter zeigt
dem Neuling den Trick. Am Ende der ersten Woche ist Renoir
an der Spitze. Am Ende der zweiten verdient er 100 Francs den
Tag, weil er die Stores zehnmal so schnell als die anderen fertig-
bringt. Nach zwei Jahren hat er sich genug erspart, um die Ecole
des Beaux-Arts und das Atelier Gleyres zu besuchen.

Künstlers; in dem Heft vom 21. April 1883 (S. 256) eine Zeichnung nach dem
Gemälde „Leda" von Léon Riesener; S. 707 desselben Jahrgangs Zeichnung nach
Renoirs Gemälde „La danse à la campagne"; andere Zeichnungen auf S. 783,
803, 835 usw. Eine der interessantesten ist das Bildnis Wagners (1883 S. 129),
von dem in der Folge die Rede ist.

Bildnis des Malers Sisley. 1868.   (0,65 : 0,80)
Sammlung Lapauze, Paris.
Photographie Druet.

Man darf diesem Ausgangspunkt einige Bedeutung zumessen, ohne zu vergessen, wie wesentlich er gerade bei einem Menschen von den angeborenen Eigenschaften Renoirs sein mußte. Er setzte den Träumereien des Romantikers ein Ziel und sicherte ihm ein seltenes Attribut des modernen Künstlers: die Bescheidenheit. Renoir selbst meint, die Handwerkerzeit habe seine manuelle Geschicklichkeit und die dem modernen Maler unentbehrliche Schnelligkeit der Niederschrift gesteigert.

Bei Gleyre findet er im Winter 1861/62 in Monet, Sisley und Bazille gleichgesinnte Kameraden. Den Sommer gehen sie zusammen nach Chailly im Walde von Fontainebleau. Hier trifft Renoir 1862 den alten Diaz, der sich des angehenden Malers annimmt, ihn in den Regeln der Landschafter von 1830 unterweist und ihm, was vielleicht noch wichtiger war, Kredit bei dem Farbenlieferanten verschafft. Monet steckt Renoir mit seiner Bewunderung Courbets an und vermittelt ihm später die Bekanntschaft mit Manet, dessen Werke Renoir zum erstenmal in der „Exposition des Refusés" von 1863 sieht. Diese Geschichte ist ungefähr bei allen Impressionisten dieselbe. Sie differenziert sich bei den meisten erst nach 1870. Bei Renoir hat sie von Anfang an unverkennbare Sonderheiten. Eine erwähnten wir schon: die gewerbliche Mitgift des Porzellanmalers. Damit hängt eine andere von größerer Bedeutung zusammen, die der ganzen Erscheinung Renoirs den Stempel aufdrückt und seine Entwicklung bestimmt: das unbedingte Festhalten an der französischen Tradition. Wohl stehen alle führenden Künstler seiner Generation auf dem Boden der französichen Kunst. Aber sie stehen, wie sie gestellt wurden, ohne ihr Dazutun, und ihre persönlichen Tendenzen treiben sie eher vom vaterländischen Boden weg. Man wird in Manet, Cézanne, Degas und Monet ohne Mühe die nationalen Elemente erkennen. Die treibenden Eigenschaften der Menschen in den Künstlern sind französisch: ihr Esprit, ihr Sinn für Fortschritt und Freiheit, ihr Geschmack. Aber nur eine sehr weitgehende Analyse erkennt in ihren Formen mit Sicherheit den rein französischen Anteil. Die einheimischen Elemente sind mit fremden verbunden und werden von diesen nahezu absorbiert. Die Einflüsse der spanischen Kunst und Japans und ein Trieb zum Analytischen, der erst mit den Impressionisten in Frankreich einzieht, verhüllen das Eingeborene. Bei Renoir ist das Gegen-

Le Ménage Sisley. 1868.   (0,75 : 1,05)
Wallraf-Richartz-Museum, Köln.

teil der Fall. Er ist der reinste Franzose seiner Generation, und
es wird nachzuweisen sein, daß er es nicht ohne Bewußtsein ist. Er
geht den entscheidenden Anregungen nicht aus dem Wege, ist
kein einseitiger Nationalist, der sich prinzipiell gegen alles Fremde
sträubt. Aber seine rein französischen Elemente absorbieren das
Fremde. Er verdankt seine entscheidenden zeitgenössischen Anregungen ausschließlich den Meistern des 19. Jahrhunderts, die
uns als Repräsentanten Frankreichs erscheinen. Er ist Franzose
bis in jede Einzelheit der Handschrift. Man braucht nur die
runde Form seiner Radierungen neben die geradlinigen Striche
der Zeichnungen Manets oder Degas' zu halten. Dieselbe Rund-
heit ist in der geschmeidigen Pinselschrift fast aller Bilder zu
spüren. Die spitze „Hachure" der Monet, Pissarro und Sisley
gibt bei Renoir nie die entscheidende Struktur. Wo er sich, wie
in manchen Landschaften der mittleren Zeit, der Mittel seiner
Freunde bedient, scheint er ihnen unterlegen. Seine besten Ge-
dichte hat er wie Fragonard mit runder Handschrift geschrieben.

Die Farbe des Porzellanmalers, die Courbets Schatten ver-
dunkelt hatten, bedurfte der Ergänzung. Man hat von Monets
Einfluß gesprochen. Wohl hat Renoir in seiner Weise an der
Entwicklung des Pleinairismus und der modernen Palette teil-
genommen, die auf Monets Initiative zurückgeht, und man findet
in den Siebziger Jahren manche Bilder, die verwandten Motiven
Monets ähnlich sehen*). Aber es ist bei solchen Überein-
stimmungen, die übrigens bei näherem Hinsehen nicht die gewohnten Differenzen zwischen den beiden so grundverschiedenen
Malern verdecken, nie ganz leicht, zu konstatieren, wer Geber, wer
Empfänger ist. Der Einfluß war günstiger als der Monets
auf Edouard Manet, kam besser der natürlichen Anlage entgegen,
keinesfalls war er intensiver. Er gleicht der Mitteilung eines Ver-
fahrens, das erst durch die besondere Verwendung in geeigneten
Händen seinen Wert erhält. Es ist nicht zu verwundern, daß man
Renoir anfangs, als jenes Verfahren noch neu war und nur von
einem kleinen Kreis geübt wurde, lediglich nach seiner Zugehörigkeit zu diesem von der Welt angefeindeten oder angestaunten
Kreise beurteilte und ihn etwa in die Klasse von Monet, Sisley
und Pissarro wies, mit denen er ohnedies eng befreundet war.

*) Namentlich Stilleben. Beispiele zumal in der Sammlung Durand Ruel.

La Grenouillère. 1868.   (0,90 : 0,62)
Sammlung Theo Behrens, Hamburg.

Heute, wo sich Tausende von Malern der Palette und aller Erfahrungen jenes Kreises bedienen und der Impressionismus so sehr
Gemeingut geworden ist, daß man kaum noch seine Eigentümlich-
keiten erkennt, entfernt sich Renoir immer mehr von den Seinen.
Es geht ihm wie Cézanne, den auch eine immer größer werdende
Kluft von den einstigen Kameraden scheidet. Wir beginnen den
Kreis der alten Impressionisten enger zu ziehen, nennen so Maler,
die, wie Monet und einige andere, die künstlerische Darstellung
gewisser atmosphärischer Phänomene der Natur über die Ausbildung
ihrer Eigenart stellten und sich mit der mehr oder weniger objektiven
Ausbildung eines koloristischen Prinzips nahezu erschöpfen.

Renoir rechnet sich selbst so wenig zu den Impressionisten,
wie wir ihn dazu rechnen dürfen, und lehnt gerade das wesentliche
Prinzip Monets, die bedingungslose Beziehung zur Natur, grund-
sätzlich ab. Mit der Natur, sagte er mir einmal, lerne man keine
Kunst. Mit der Natur mache man, wie man wolle, und komme
notwendig zur Isolierung. „Moi je reste dans le rang." Das
Wort gefiel mir, ohne daß ich es genau zu deuten wußte. Die

Erklärung, die er mir gab, würde manchen, der in ihm ein Naturkind sieht, in Staunen setzen. Ich fragte ihn, wie man Kunst lernen müsse. „Au musée, parbleu!" gab er mir zur Antwort.

Die Antwort läßt die Charakteristik des jungen Renoir, die hier versucht wurde, zweifelhaft erscheinen. So spricht, könnte man meinen, kein Naiver. Aber naiv wäre nur der Leser, der glaubte, der Eindruck der harmlosen und unberührten Natur könne je mit jenen Eigenschaften rein menschlicher Art allein zustande kommen, die wir mit dem Wort naiv bezeichnen. Trotzdem war er ein Naiver, obwohl er so gesprochen und, was wichtiger ist, seinen Worten gemäß gehandelt hat. Und ich glaube, nur deshalb haben wir recht, von dem Naiven seines Wesens zu sprechen; so wie man bei Corot davon sprechen darf trotz der Bewußtheit seiner Anstrengungen, oder bei Poussin trotz der tiefgründigen Wissenschaft des Meisters. Das Naive, von dem gesprochen werden darf, geht immer aus Widerständen hervor, die seine Tiefe erproben. Gelangt es nicht zur künstlerischen Geltung, begnügt sich der Naive mit dem Sein seines Wesens, ohne daraus den höheren Schein zu gewinnen — und damit wird immer nur der kleine Wicht in der Provinz genug haben, der die Lehre abweist und isoliert um sich selbst herum phantasiert — so ist es nicht der Rede wert.

„Rester dans le rang!" Das könnte man der ganzen Kunst unserer Tage zurufen. Es ist der Wahlspruch über Renoirs ganzem Werke, der ihn zu einem der ganz Seltenen unserer Tage macht, vielleicht zu einem Einzigen des modernen Frankreichs. Er sagt mehr als Manets Ruf nach der „Contemporanéité", mehr als das „Odi profanum" eines Degas, ja, mehr als Cézannes unerbittliches Ringen nach Vergeistigung. Er lehrt uns das Bedeutende im Künstler nicht lediglich in seinem furchtlosen Ringen gegen anderes, nicht in dem, was er, um sich zu behaupten, umwirft, zu suchen, sondern auch in dem Kampf gegen die stolze eigene Willkür zu schätzen, und setzt dem „Après nous le déluge" schrankenloser Selbstigkeit die Selbstzucht eines ordnenden und erhaltenden Geistes entgegen. Wir mögen, selbst schrankenlos geworden, die erfinderische Kühnheit anderer höher schätzen. Der friedlichste unter den regierenden Fürsten unserer Kunst darf von sich sagen, daß seiner Herrschaft jede Gewalttat fernblieb.

Der Spruch hieß Renoir, seiner naiven Eigenheit immer nur so weit zu folgen, als sie im Rahmen der Kunst, die er vorgefunden hatte, blieb, sich innerhalb dieser Grenzen bereichern und zur Reife bringen ließ. Jede Neuheit hatte Geltung, solange sie sich mit dem „Museum" vertrug. Darunter verstand er das Pantheon aller großen Überlieferungen der französischen Kunst. Man war vor allem Schüler seiner natürlichen Meister, dann erst Jünger der Natur, Anhänger irgendeiner neuen Farbenlehre, irgendeiner neuen Malmethode. Einen auf seinem „Rang" bestehenden Künstler konnte der Impressionismus fördern, nie bestimmen.

Renoir ging sehr eifrig in das Museum, aber er bedurfte eigentlich nur weniger Anreger. Man könnte annehmen, die gebändigte Eigenart solcher Menschen wirke wie ein natürlicher Magnet, auf den sich von selbst die Teile aus der Umwelt ansetzen, deren er bedarf. Insofern gleicht er Corot. Auch er brauchte, so scheint es, nur seinen reinen Trieben zu folgen, um ans Ziel zu kommen. Doch enthält dieser Schein nicht die ganze Wahrheit. Wohl fühlt man in fast allen Werken das Triebhafte. Aber die Folge der Werke, die Entwicklung, ist ohne Beteiligung eines mit vollem Bewußtsein einsetzenden Willens undenkbar. Man kann sogar behaupten, daß kein Oeuvre eines französischen Zeitgenossen die Bestimmtheit aufweist, die der Naive seiner Entwicklung zu geben wußte.

Er sah sich einen Meister sehr gründlich an: Delacroix. Courbet hatte er ohne Nachdenken akzeptiert wie alle seine Kameraden. Es war eine Zeitform, beinahe ein Kostüm. Corot, über den manches zu sagen wäre, war ihm angeflogen. Das Dixhuitième hatte er im Blute, ohne hinzuschauen. Delacroix liebte er mit vollem Bewußtsein und hat in seiner Art um ihn gerungen. Näher als die Sorge um das liebe Brot mag ihm die Frage gegangen sein, wie er zu dem Meister, den er am höchsten von allen stellte, gelangen könne. Manche Teile von Bildern Delacroix' enthalten die ganze Palette des Renoir der Siebziger Jahre, z. B. das Kissen auf der linken Seite der „Femmes d'Alger" in Louvre. Die Beziehung ist so durchsichtig und verständlich, paßt sich dem ganzen Wesen Renoirs so natürlich an, daß wir uns die Qualen des Ringens kaum denken können. Doch müssen sie groß gewesen sein. Ein paar Bilder berichten von ihnen, namentlich das mit den „Parisiennes habillées en Algériennes", das 1872 vom „Salon"

Eugène Delacroix: Les Femmes d'Alger.
Louvre, Paris.

refüsiert wurde und jetzt in der Sammlung Fasquelle hängt. Der
Versuch, etwas den „Femmes d'Alger" Verwandtes zu schaffen,
springt in die Augen. Die Motive ähneln sich. Die gelungenste
Figur, die Sklavin rechts, die den Spiegel hält, kommt in Einzelheiten einer der Gestalten des Delacroixschen Werkes nahe. Die
im Hintergrund sitzende Frau erinnert an die Negerin. Selbst
in der Ausstattung des Gemachs fühlt man das Vorbild. Bei dem
Vergleich sinkt der Moderne. Der tollkühne Versuch, gerade dies
gefährlichste aller Werke, das selbst Delacroix nur mit Aufbietung
seiner ganzen Kunst vor den Klippen bewahrte, zum Muster zu
nehmen, mußte mißlingen. Nahezu alles, was in dem Vorbild Bewunderung erheischt, geht verloren: Die Komposition, für die Renoir
zum erstenmal die bedenkliche schräge Schlachtordnung gewählt
hat, der Ausdruck der Gestalten, denen man nur zu sehr die
Verkleidung ansieht, vor allem die Farbe. Statt der majestätischen
Ruhe des Meisters, der mit allen Mitteln des Okzidents diese orientalische Szene genauester Observanz hinstellt und die hundert leuch-

Parisiennes habillées en Algériennes.   1872.   (1,30 : 1,55)
Sammlung Fasquelle, Paris.
Photographie Druet.

tenden Teile des Werkes mit gewaltiger Hand bändigt, taumeln in grauem Dunst verworrene plumpe Massen. Nicht nur die Frauen sind verkleidet, das ganze Bild ist es. Man fühlt, daß sich der Maler Zwang antat, seinem Geist ein fesselndes Gewand umhängte und aus mühsam erzielten Einzelheiten ein Ganzes zu bauen suchte. Renoir hat nie schmutziger gemalt, obwohl er nie vorher so viele starke Farben verwendet hat. Das Grau Courbets kämpft einen unentschiedenen Kampf mit Delacroix' Palette, dem wir verblüfft zuschauen. Und doch haben wir einen Renoir vor uns, genug von dem alten, viel von dem neuen. Wohl wäre uns das Bild wenig wert ohne seine Folgen. Der Ringende durfte sich sagen: noch ein paar solche Niederlagen, und ich habe gewonnen. Dem Reichen stählen Verluste die Kraft. Vielleicht war es nur ein Überschuß von Kraft, was ihn zu dem aussichtslosen Versuch getrieben hatte. Den Rückblickenden, die das Folgende kennen, bleibt nur die Kraft übrig. Auch Delacroix hat als Anfänger gestrauchelt. Wie in der weiten Ebene der „Massacres de Chios" die noch isolierten Teile wie kolossale Felsblöcke herumliegen, in denen man die Hand des zukünftigen Meisters erkennt, so leuchten aus dem verworrenen Dunst dieses kleineren Werkes kostbare Einzelheiten hervor, die nur der Sammlung warten. Sie kamen in diesem Moment zu schnell, zu gewaltsam. Es bedurfte der Zeit, um den Nebel zu zerstreuen, unter dessen Schutz den Teilen Glieder wuchsen.

Die Schwierigkeit lag in dem zu wählenden Prinzip der Vereinfachung. Renoir ist kein Delacroix und hat sich nie als Delacroix gefühlt. Er ist viel einfacher organisiert, hat nichts von den weitreichenden geistigen Spekulationen des Dantemalers, noch von seine großen Geste. Er fühlte seine Zugehörigkeit zu jener Welt wie der sehnsüchtige Wanderer am Ufer frohlockend den Sturm spürt, der weit vor ihm in den Wogen das stolze Schiff umbraust. Auf festem Lande zu bleiben, gebot ihm die Selbsterhaltung. Er rechnete mit der Zeit, die einen Künstler von dem Universalismus Delacroix' nicht mehr duldet, mußte damit rechnen. Diaz soll in Chailly dem Anfänger als wichtigste Vorschrift eingeprägt haben, nur nach der Natur zu malen*), und Renoir soll den Satz zu

---

*) Nach dem Bericht des Bruders in dem oben erwähnten Aufsatz der „Vie Moderne" von 1879 sagte Diaz zu ihm: „Que jamais un peintre qui se respecte ne doit toucher à un pinceau s'il n'a pas son modèle sous les yeux."

seinem Evangelium gemacht haben. Er hat in der Tat nie ohne Modell
gemalt, und noch heute muß das Modell im Atelier sein, wenn er
arbeiten will. Ob er es anschaut, ist eine andere Frage. Diese Maß-
regel brachte von vornherein eine Beschränkung des Gegenständlichen mit. Er erkannte die Notwendigkeit, ebenso seine durch
die Farbe gegebenen äußeren Formenmöglichkeiten scharf zu be-
grenzen. Und auch diese Schranke gehört zu ihm, sowie zu Delacroix, dem nichts Stoffliches fremd blieb, die unübersehbare Skala
der gegebenen Formen gehört. Was ihn in dem Bilde der verkleideten Pariserinnen verriet, war die Ratlosigkeit vor dem Zauber
der Farben und den Gesten des geliebten Meisters. Er sah
hundert Türen vor sich und wußte nicht, durch welche sein Weg
ging, und fand sich plötzlich als wirrer Räuber mitten in dem
feenhaften Palast, wo für seine Art kein Platz war. Er hat sich
das Erlebnis zur Lehre dienen lassen. Man mag die selbst-
gewählten Grenzen seiner Art im Vergleich zum Umfang Delacroix' beschränkt finden, mag zugestehen, daß er dem Palaste
des Meisters wirklich nur ein Kissen entführte: in dieser Beschränkung, die sein reinlicher Instinkt freiwillig auf sich nahm,
zeigt sich ein Meister von vorbildlicher Weisheit. Denn so
kam er zum Reichtum. Innerhalb der Schranken wuchs seine Art
organisch und reich wie eine unbeschränkte Naturmacht. Der
Überfluß seiner Gaben ist so hinreißend, daß man meinen könnte,
ein Delacroix, ein Rubens nahe sich uns in der Verkleidung eines
Einfältigen, und nur eine Zeitfrage — fast nur eine Kostümfrage
— halte ihn zurück, sich uns in der ganzen Herrlichkeit eines der
Kunstfürsten vergangener Epochen zu zeigen.

Persönliche Neigung leitete ihn zu einer bestimmten Art von
Motiven. Er nahm die Erscheinung des Weibes zum Mittelpunkt
seiner Kunst. Wir wissen, er hat nicht nur Frauen geschaffen,
aber die Variationen über das Weibliche geben den alles übrige
bestimmenden Ton und überwiegen, wenigstens in der ersten
Hälfte seiner Tätigkeit, dermaßen, daß der Rest nahezu nur
wie eine Kulisse des Hauptthemas erscheint. Und diese an
sich beschränkte Art von Motiven hat er mit einer beschränkten
Palette so gemalt, wie Rubens und Delacroix ihre Bilder. Nur die
Frau hat er gegeben, ein Nichts im Vergleich zu dem Kosmos
Delacroix', die Frau allein, so gut wie ohne Szenarium, ohne Zu-

tat, aber so vollkommen, daß sie zu einem bis zum Überfluß gefüllten Symbol wird und wir uns, aller gemalten Welten vergessend, erinnern, daß sie in der unseren im Zentrum steht.

Renoir ging in der Fleischmalerei etwa auf dem Wege weiter, den Delacroix 1827 in dem „Sardanapale" beschritten hatte. Der Rücken der Frau in der Detailstudie zu dem Gemälde, die sich bei Cheramy befindet, das denkbar sicherste Zeugnis für Delacroix' Verhältnis zu Rubens, zeigt gleichzeitig die Verbindung mit dem Nachfolger. Der Ausdruck ist ähnlich, die Mittel differieren. Renoir hatte nicht die geschmeidige dünnflüssige Pinselschrift der alten Meister. Er teilte die Fläche, die in dem Gemälde Delacroix' makellos wie Frauenhaut erscheint. Aber er blieb auch damals den alten Meistern näher als seine Kameraden, weil ihn die Modifikation des Mittels nicht hinderte, die Begriffe der Alten zu behalten. Delacroix besaß die Mittel des Rubens, wie er alle altmeisterlichen Mittel besaß. Man könnte von ihm sagen, er habe die Alten nur mit der Macht seines Geistes eingeholt, während sich die Modernen auf eine Veränderung der Technik angewiesen sahen.

Delacroix hatte das Bewegte seines großen Ahnen noch beschleunigt. Er preßte die Gewalt Rubensscher Dekorationen in das verzweigtere Gefüge des Staffeleibildes. Es ist die dem Renoirschen Weg entgegengesetzte Methode. Delacroix entnahm dem Palaste des Flamen nicht nur ein Kissen. Er vereinfachte Rubens nicht, er bereicherte ihn, und zwar nicht nur in Einzelheiten, sondern im Ganzen. Er vergeistigte das Übernommene und fügte ihm neuen Reichtum hinzu. Er malte große Komplexe, die um so enormer erscheinen, je geringer ihr Umfang ist, wie Rubens winzige Bilder, die man Skizzen zu nennen pflegt, Kleinodien im strahlenden Gehäuse des Werkes. Er instrumentierte Rubens auf seine Art, ließ die im Lichten gehaltenen Fugen gleichzeitig alle Tiefen durchlaufen, illustrierte mit ihnen eine bedeutendere Gefühlswelt und wurde trotzalledem knapper und präziser. Seine glühenden Farben sind die unmittelbare Folge einer stets auf das Maximum gerichteten Spannung. Er büßt fast nichts ein, nicht einmal eine Schwächung des Dekorativen in seinen Wandgemälden. Der Louvreplafond steht unangreifbar neben dem Medici-Zyklus. Die Zeitdifferenz scheint nur eine Steigerung des Materiellen und des Geistigen zu bringen: größere Pracht, höhere Anschauung.

Und dieser Dekorateur malt Heiligenbilder, deren Mystik uns ergreift wie die Inbrunst der Heiligen Grecos und häuft die Summe seiner Prachtgelüste in eine zierliche Ritterlegende, die eine Fläche von wenigen Zentimetern einnimmt. Zu solchen Umfang des Ausdrucks bedurfte er einer Form, die alles umfaßte, was zwischen einer Freske Raffaels und dem 19. Jahrhundert liegt — ein Unikum in der Geschichte der Kunst. Delacroix hat mit Goethischer Weisheit alles getan, um das Anormale seiner Erscheinung zu mildern und seiner Wirkung den Fluch vieler Großen fernzuhalten, die, nach dem Worte von Marées, mit ihren Werken die Straße für die Nachfolger versperrt haben. Aber nichtsdestoweniger konnte nur er, dank seiner höchst besonderen Eigenschaften, zu denen auch seine paganinihafte Geschicklichkeit gehörte, der von ihm aufgestellten Norm genügen. Sein komplizierter Apparat verlangte außer kühner Kaltblütigkeit eine einzigartige Beweglichkeit des Geistes und der Hand, ein Temperament, das kaum vor Delacroix, sicher nie seitdem wieder zur Welt gekommen ist. Seine ganze Kunst ist, noch mehr wie die eines Rubens, auf Bewegung gerichtet; eine Bewegung, die von der leisesten Regung bis zum gewaltigsten Sturm geht, und wir bewundern, daß sie selbst im flammendsten Wirbel nie das Gleichgewicht der Massen verliert, daß die von allen Seiten in wilder Willkür züngelnden Farben stets die Harmonie ergeben.

Schon die Verschiedenheit der Temperamente bestimmt Renoirs Stellung sowohl zu Rubens wie zu Delacroix. Wir sehen ihn nie in Bewegung. Damit soll nicht geleugnet werden, daß er zuweilen Bewegungsmotive gemalt hat. Aber auch in solchen Fällen fühlt man die Gelassenheit eines einem Corot verwandten Temperamentes, das mit der Bewegung seine Idylle belebt. Nie nähern wir uns auch nur von weitem der heroischen Sphäre, in der Rubens und Delacroix gebieten.

Dieser nicht zu übersehende Unterschied zwischen den Welten der Bilder mag schon allein Renoirs Vereinfachung legitimieren. Sie tritt stärker hervor, wenn wir ihn mit Delacroix, weniger, wenn wir ihn mit Rubens vergleichen. Renoir scheint der verhältnismäßig einfacheren Koloristik des Rubens näher, schon weil er seine lichte Palette nur wenig verändert. Er bringt zu Rubens etwas von Delacroix mit: ein außerordentlich farbenempfindliches Auge.

Er gewinnt aus seiner kleinen Farbenskala eine Fülle von Tönen, die kein Rubens besitzt, und die den Mangel an den Tiefen Delacroix' vollkommen überwindet. Wohlverstanden, dieses Mittel wäre durchaus unzureichend, sollte es zu einer auch noch so versteckten Konkurrenz mit den Vorstellungen eines Rubens oder eines Delacroix gebraucht werden. Renoir hat noch einmal, drei Jahre nach dem Bilde mit den verkleideten Pariserinnen, — diesmal aus äußerem Anlaß — eine unmittelbare Annäherung an Delacroix gewagt, als er auf Veranlassung seines Freundes Dollfus die „Noce juive" des Louvre kopierte. Er versuchte das Vorbild in seine Palette zu übertragen. Tatsächlich finden wir alle Farben Renoirs in der Kopie, die sicher zu den für die Genesis des Meisters interessantesten Dokumenten gehört*), und können im einzelnen feststellen, wie verwandt gewisse Farben Renoirs mit gewissen Farben Delacroix' sind. Mancher Freund der Modernen mag in der Pracht der Renoirschen Details einen Ersatz für die von der Zeit verdorbenen Teile des Originals finden. Der Freund Delacroix' wird das, was ihm als eigentlicher Inhalt der „Noce juive" erscheint, den Geist ihres Schöpfers, in diesem scheinbar verjüngten Abbild vergebens suchen. Die Farben hindern den auch in dieser Bildruine gewaltigen Flügelschlag des Genius. Ihre Buntheit bringt in die orientalische Szene einen neuen, gar zu vorlauten Orient hinein. Der Mangel an Tiefen stört so empfindlich, daß man sich lieber mit den geplatzten Asphaltstellen des Originals abfindet. Man kann einwenden, daß 1875, als die Kopie entstand, Renoir seine moderne Palette noch nicht vollständig beherrschte, und der Einwand ist berechtigt. Aber ich bin nicht sicher, ob in einer späteren Zeit ein mit gleicher Absicht unternommener Versuch alle Mängel dieses verunglückten vermieden hätte, ob Renoir z. B. das Bild so sicher zu übertragen vermocht hätte wie die reizende Landschaft Corots, die er 1898 in wenigen Stunden kopierte**). Das Bildchen dokumentiert eine leichter faßbare Beziehung Renoirs zu einem seiner Vorgänger. Es

---

*) Sammlung Dollfus, Paris.

**) Der Corot und die Kopie waren in der Sammlung Durand Ruels, die Kopie ist noch heute dort; hier abgebildet. Eine andere kleinere und flüchtigere Kopie nach einem Corot, den Renoir besitzt, befindet sich in der Sammlung Gangnat in Paris.

ist in Empfindung, Auftrag und Farbe ein echter, lichter Renoir mit allen Schönheiten Corots. Renoir durfte mit Corot wagen, was Delacroix mit Rubens gelang.

In der intimen Übereinstimmung der Form mit der Empfindung beruht Renoirs Kunst. Mittel und Zweck decken sich so vollkommen, daß der Vergleich mit seinen Anregern, die uns seine Grenzen ins Bewußtsein bringen könnten, fernbleibt. Er entlockt den wenigen Saiten seiner Laute so reife Melodien, daß wir auch das Instrument als seine Schöpfung betrachten. Zu diesem Eindruck trägt noch ein Moment bei, das in den verschiedenen Perioden des Künstlers in verschiedenen Stärkegraden auftritt, aber in allen wirksam bleibt, und das er als sein von Rubens und Delacroix ganz unberührtes Eigentum betrachten darf. Es hängt mit seiner Beziehung zum Barock zusammen, das ihn viel weniger bestimmt als Delacroix, geschweige Rubens, und sich mit nahezu entgegengesetzten Formtendenzen abfindet. Es äußert sich in einer besonderen Stabilität, einer seltenen plastischen Fülle seiner Gestalten und gibt der Idylle des Lyrikers festes Gefüge. Diese Eigenschaft, die in den achtziger Jahren bestimmend werden sollte, ist keine zufällige oder entbehrliche Zutat. Ohne sie wäre die ganze Kunst Renoirs nichts als das bedenkliche Wagnis eines einseitigen Koloristen und bliebe Schemen. Erst die plastische Fülle der Gestalten macht die sehr zarte Palette möglich, weil man durch die süßen Farben hindurch stets den herben widerstandsfähigen Kern spürt. Sie bereichert nicht nur das einfache Schema der Kompositionen, sondern vergrößert die Ausdrucksmöglichkeiten der Materie.

Dadurch modifiziert sich die scheinbar so bescheidene Stellung des Modernen neben Delacroix. Seine Entbehrungen werden zu freiwilligen rationellen Opfern und bleiben nicht unbelohnt. Sie kommen einem Typus zugute, der wie ein Sammler von Freuden erscheint. Renoir erinnerte sich bei Delacroix an die Opulenz Rubensscher Massen und schmolz in das Email seiner Frauen alle Zieraten hinein, die Delacroix zur Szene seiner Helden gedient hatten. Man hat auch vor ganz unbekleideten Figuren Renoirs, die nichts neben sich haben als die weiche Atmosphäre ihres Körpers, den Eindruck der orientalischen Stoffe und Prunkgegenstände einer Delacroixschen Laune. So verbindet ein merkwürdiger

Kreislauf diese drei fürstlichen Abkömmlinge einer Familie. Delacroix ordnete die Verschwendung des Flämen, und jetzt erscheint Renoir als Ordner Delacroix' und kommt dabei dem Stammherrn der Familie näher. Was in dieser Entwicklung wirklich fortschreitet, ist ein rein geistiger Wert. Nicht die Technik, nicht die Farbe. Das sind nur Formen für die Sache, Folgen, keine Gründe, und man würde sich lächerlich machen, wollte man einen Renoir besser gemalt als einen Delacroix oder Rubens finden. Was sich verschoben hat, ist die subjektive Sinnlichkeit. Ein höherer Begriff des Sinnlichen geht aus der Medea im Vergleich zur lachenden Schönheit einer Helene Fourment hervor; ein anderer — ob höherer Begriff, können wir nicht entscheiden — aus den reichsten Werken des Modernen. Bis Renoir dahin gelangte, brauchte er viele Jahre. Nichts ist törichter, als zu vermuten, daß die Ausbildung der Palette ihn diese Zeit kostete. Es handelte sich um eine Steigerung der Abstraktion wie in der Entwicklung aller großen Künstler.

Jeder Vergleich der Bilder aus verschiedenen Zeiten ergibt einen Grad dieser Steigerung. Man kann nicht zögern, dem bereits erwähnten Frühwerk der Berliner Nationalgalerie*), dem jungen Mädchen vor grünem Blattwerk, jede der vielen Studien in ähnlicher Pose der Siebziger Jahre vorzuziehen, weil das, was von Renoirscher Kunst in dem frühen Bilde steckt, in den späteren vervielfacht erscheint. Das Fleisch der Berliner „Lise" wirkt noch wie eine neutrale Masse, in einem kalten kittgrauen Ton, der nur mit dem rosagrau gestreiften Rock und dem Haar, viel weniger mit dem tonreichen, durchleuchteten Grün des Hintergrundes zusammengeht. Die strukturlose Malerei der Figur stimmt noch weniger mit den energischen Pinselstrichen des Laubwerks überein. Nur die übertriebene Modellierung verhilft der Erscheinung zur Wirkung. Dem Künstler gelingt noch nicht die restlose Übertragung der Natur in die Harmonie seiner Anschauung. Auffallend ist der Unterschied des Wertes zwischen diesem Bilde und ähnlichen und der vorhergehenden Hagener „Lise". Ich glaube, er ist mit dem überaus günstigen Motiv des Hagener Bildes zu erklären. Jeder große Künstler wird auch in den ersten Stadien

*) „Im Sommer." Früher in der Sammlung Depeaux, Paris. Das Bild figurierte im Salon von 1869 unter dem Titel „En été".

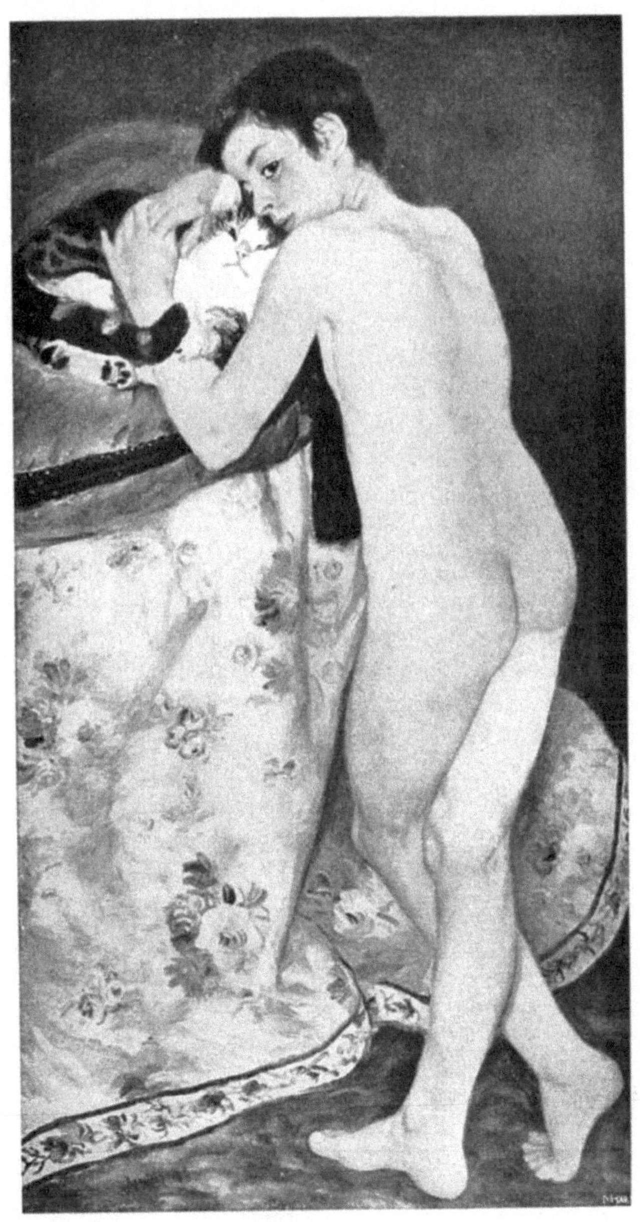

Le garçon au chat. 1868.   (0,67 : 1,24)
Sammlung Eduard Arnhold, Berlin.

seiner Laufbahn fähig sein, gewisse Motive vollkommen zu beherrschen. Aber er ist in solchen Zeiten von dem Zufall abhängig, der ihm solche Motive zuträgt. Die „Lise" war ein Glücksfall. Ihre naive Schönheit ging ganz in die naive Darstellung auf. Das nächste Jahr, 1868, bescheerte Renoir einen ähnlichen Glücksfall mit dem „Garçon au chat"*). Die Kombination der weißen, grauen und blauen Töne war ein überaus glücklicher Griff, der gerade diesem Motiv zustatten kommen mußte. Renoir ließ die graublau gemusterte Tischdecke, das wichtigste Detail des Vordergrundes, aus einem Gewebe starker Pinselstriche entstehen und erwies sich dabei als vollkommener Meister der Materie. Er wäre sicher unfähig gewesen, das Fleisch ebenso reich zu malen. Aber gerade neben der reichen Decke gibt der glattere Vortrag im Fleisch der schmächtigen Zartheit des nackten Knaben einen seltenen Reiz. Der vielleicht notgedrungenen Differenz in der Behandlung kommt die natürliche Differenz der gegebenen Materien entgegen, und die sehr einfache Beziehung zwischen den grauen Tönen des Fleisches und der Decke genügt vollkommen für den koloristischen Zusammenhang. Doch steht die meisterhaft modellierte Gestalt nicht annähernd so sicher und ungekünstelt wie die „Lise". Man beschwichtigt nicht alle Einwände mit dem Hinweis auf die Zartheit des Körpers. Seine Anatomie scheint um ein Geringes zu schwach, nicht für die Lebensfähigkeit des Knaben, sondern für das Gleichgewicht des Bildes.

In dem „Ménage Sisley", das der „Lise" am nächsten kommt, fühlt man schon deutlicher die Grenzen der Mittel, auch wenn sie nicht ernstlich den Gefühlsinhalt des schönen Werkes gefährden. Die weiche Lyrik stößt sich gleichsam hier und da an den Härten der Form. Dies einsehend, lockert Renoir immer mehr das Gefüge, und nun treten die Lücken immer merkbarer hervor. Unter dem Einfluß Delacroix' beginnt er weicher zu modellieren und die dunkle Palette Courbets zu erweitern. Diese Bereicherung hat ihn während drei oder vier Jahren die Frische gekostet, die er vorher besaß. Die Einzelheit büßt die primitive Härte ein, aber die Geschlossenheit des Ganzen geht verloren. In dem Bildnis der Dame in dem ausgeschnittenen roten Kleid mit schwarzen Spitzen, von 1870, über-

---

*) Früher in der Sammlung Maître in Paris. Seit etwa zehn Jahren in der Sammlung E. Arnhold in Berlin.

Damenbildnis. 1870.
Sammlung Oscar Schmitz, Dresden.

(0,65 : 0,81)

rascht das reiche Fleisch und die Geschmeidigkeit der Stoffe. Die
energische Änderung der Richtung zugunsten Delacroix' springt
in die Augen, aber man ahnt die Möglichkeiten einer Katastrophe.
Die Unordnung ist groß. Die schmutzigen Töne quälen sich vergebens, zu einem Klang zu gelangen. Sie bleiben wie zer-
fetztes Gewebe an Einzelheiten hängen. In anderen Bildern
eilt die Farbe der Form voraus, und es kommt zu Wirkungen
à la Alfred Stevens, wie in dem Bildnis der Frau Maitre, von 1871,
das wie eine Renoirsche Hülle ohne Renoirschen Inhalt erscheint.
1872 bringen die „Parisiennes habillées en Algériennes" die
Katastrophe. Nun wird das Auseinandergesprengte mit neuem
Geiste geeint. Freilich zunächst nur behutsam. Mit der „Amazone"*), von 1873, macht Renoir einen Rückschritt in die Nähe
der „Diane Chasseresse". Hat er einen Augenblick an der Möglichkeit, sich mit Delacroix zu vereinen, gezweifelt und im Schatten
Courbets die leuchtende Erscheinung des Meisters seiner Wahl
vergessen wollen? Das umfangreiche Bild ist relativ vollendet,
aber steht als Wert unter vielen äußerlich weniger gesicherten
Werken der Zwischenzeit. Und zwar, nicht weil in ihm das Grau
Courbets entscheidet, sondern weil das Riesenformat für einen im
Grunde unwesentlichen Zweck aufgeboten wird. Nur das Motiv
wird den Laien verlocken, weil es sofort die gefällige Erscheinung
einer imposanten Reiterin und des netten Jungen auf dem Pony
übermittelt. Die Natur ist jedem geläufig. Während sich der
Betrachter vor den typischeren Bildern des Meisters einem System
von Zeichen gegenübersieht, für deren Verständnis es gebildeter
Augen bedarf. Delacroix und Rubens sind viel weniger geläufig.

---

*) Auch „L'Allée cavalière au bois de Boulogne" genannt, refüsiert im Salon
von 1873. Sammlung Henri Rouart, Paris.

Bildnis der Mme Maitre. 1871.   (0,83 : 1,30)
Sammlung Maitre, Paris.
Photographie Durand Ruel.

La promenade. 1870.   (0,65 : 0,81)
Sammlung B. Köhler, Berlin.
Photographie Paul Cassirer.

Le déjeuner. Gegen 1871.   (0,61 : 0,50)
Sammlung Prince Wagram, Paris.
Photographie Druet.

L'amazone. 1873.   (Ungefähr Lebensgröße)
Sammlung Henri Rouart, Paris.

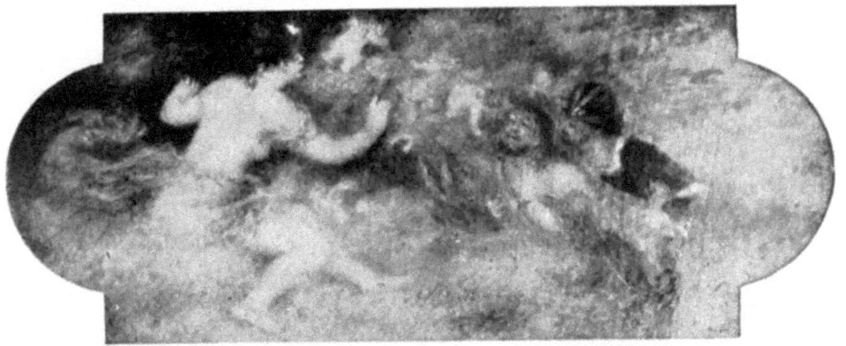

Tannhäuser. Skizze einer Dekoration für den Dr. Blanche. 1879. (1,42 : 0,57)
Sammlung Durand Ruel, Paris.

II.

Die Hauptwerke des Jahres 1874 bringen einen Ausgleich. Es sind zum großen Teil Bildnisse in Interieurs. Das früheste des Jahres mag das lebensgroße Damenporträt sein, das jetzt im Luxembourg hängt*). Die Dame steht ganz in Schwarz vor einem schwarzen Flügel. Das Schwarz entsteht nicht etwa aus Mischungen, es ist wirklich und wahrhaftig richtiges Beinschwarz. Und das Resultat ist so hinreißend, daß man versucht ist, der heute so verhaßten Farbe alles abzubitten, was ihr moderne Koloristen nachgesagt haben. Freilich ist es nicht das regungslose Neutrum, mit dem Carolus Duran seine stattliche Dame im Luxembourg schmückte, noch weniger jene dicke Masse der deutschen und englischen Romantiker, in der der Blick wie in einem Sumpf versinkt. Es ist Farbe. Man spürt durch die tonreiche Seide den Körper hindurch. Auf dem Flügel spielen sonnige Lichter, die keinen Eindruck von Dunkelheit zulassen. Rechts auf dem Flügel baut sich aus den Notenheften ein farbenreiches Stilleben seltenster Schönheit auf, dem das Schwarz nur den kostbaren Rahmen verleiht. Ebenso steht die Farbe des Kleides zu den prunkenden Akkorden des Teppichs und dem zarten Fleisch des stolzen Gesichtes, das wir uns mit der gleichen, kühlen Würde nicht in anderer Umgebung vorzustellen vermögen.

---

*) Es stellt die Gattin eines Musikverlegers namens Hartmann dar, der das Bild testamentarisch dem Museum vermacht hat.

Berühmter als dieses mit Unrecht unterschätzte Meisterwerk ist das Doppelbildnis geworden, das Renoirs Bruder und ein Modell, namens Nini, in der Baignoire eines Theaters darstellt und den Titel „Die Loge" trägt*). Das Bild verdankt seinen Ruf der Opulenz seiner Erscheinung, die in dem Oeuvre in der Tat nahezu einzig ist. Man ist sehr weit von den Bohémiens des Cabaret de la Mère Anthony, ebenso weit von der bürgerlichen Koketterie der „Lise", fast ebenso weit von dem „Ménage Sisley" und dem „Garçon au chat", obwohl diese Bilder als Vorbereitung gelten mögen. Wir sind in der „Grand Monde" des Luxus und der Eleganz. Niemand würde in der gelassenen Dame, so wenig sie ihre natürliche Liebenswürdigkeit verbirgt, den Beruf der kleinen Nini erkennen, die Renoir damals oft ohne die prächtige Hülle, wie Gott sie geschaffen, gemalt hat. Die Seide knistert, die Perlen leuchten, die Blumen glühen, und der Partner trägt mit Gelassenheit die orthodoxe schwarz-weiße Eleganz des Gentleman. Auch wenn die Beleuchtung und die Operngucker fehlten, wüßte man, daß sich das Paar im Theater befindet, zum Ansehen und zum Angesehenwerden.

In der Stellung der beiden Figuren zueinander hat Renoir einen zufälligen Moment gewählt, aber ihn so glücklich getroffen, daß der Zufall nur die Sicherheit des Betrachters steigert. Die Halbfiguren sind auf einen verhältnismäßig geringen Raum zusammengerückt, und die wesentliche Wirkung mag in dem Räumlichen liegen, das man trotz der Enge wie eine freie Wallung empfindet. Die schöne Frau dehnt sich als echte Pariserin vollkommen aus in breiter, prächtiger Fülle, und der Herr hinter ihr, für dessen Nebenrolle nur das winzige Dreieck bleibt, bewegt sich ungehindert in der Tiefe. Sehr geschickt ist der schräge Ausschnitt mit der Brüstung erfunden. Ihn benutzt der Parallelismus zwischen Brüstung, Schulter- und Armlinie der Dame und weiter dem Arm des Herrn. Dazwischen laufen auf Grau und Blau die schwarzen Schlangenlinien der Streifen des Kleides. Ihr Rhythmus zieht das Schwarz des Fracks mit in das Spiel hinein und sorgt für eine unauffällige sehr wirksame Verbindung zwischen den beiden.

In der „Danseuse" desselben Jahres wurde das Vaporöse,

---

*) Sammlung Durand Ruel. Eine kleine, nicht sonderlich glückliche Wiederholung aus derselben Zeit in der Sammlung Dollfus.

La loge. 1874.
Sammlung Durand Ruel, Paris.

(0,65 : 0,81)

das schon in der „Lise" beginnt und in der „Loge", zumal in der männlichen Gestalt des Bildes, fortgesetzt wird, zum Stil erhoben. Das junge Fleisch erscheint noch fester in dem losen Hauch des Kleides und im Duft des braunen Haares. Die bläuliche Gaze läuft fast mit dem Hintergrund zusammen und raubt dem Umriß die Schärfe. Die rosa Schuhe sind fast das einzig Greifbare an Farbe, und trotzdem wirkt das Bild farbiger als alle Vorgänger. Wenn man vor ihm die alten Engländer nennt, um die Wirkung zu deuten, so muß man sich gleichwohl klar sein, daß hier etwas entfernt Gainsborough-artiges auf ganz anderen Wegen entstand. Während Monet und Pissarro sich im Kriegsjahre nach London zurückzogen, wurde Renoir Soldat. Er sah die Themse erst mehrere Jahre später und hat als echter Franzose nie Gefallen an dem Lande der bedeckten Sonne gefunden. Die Beziehung des Meisters zur Schule Gainsboroughs ist ganz zufälliger Art und geht mehr auf die Vorgänger der Engländer zurück als auf einen ihrer Meister. Auch die Farbe der „Loge" mag an den Meister der „Miß Siddons" erinnern, weil die Farbenkultur, von der es Zeugnis ablegt, notwendigerweise auch die Mittel der Engländer umfaßt. Man findet darin geradeso gut Watteau, Velasquez und die Venezianer. Aber daneben ist in diesem Bilde und in allen Bildern Renoirs ein Element wirksam, das man weder in Velasquez, noch bei den Venezianern, am wenigsten bei den alten Engländern findet.

Die „Loge" und die „Danseuse" leben in unserer Erinnerung als Werke, die mit allem Raffinement des Handwerks ausgestattet sind. Zumal die „Loge", zu deren Üppigkeit schon das Motiv nicht wenig hinzufügt. Sie erscheint wie eine Sammlung aller vorher erlangten Resultate. Jedesmal, wenn man vor dem Bild selbst steht, ist man genötigt, von diesem Eindruck allerlei abzuziehen. Kein alter Meister hat sich mit so geringen Mitteln begnügt. Gerade die Farbe, die in unserer Erinnerung einen immer größeren Aufwand entfaltet, ist auffallend einfach. Die Palette beschränkt sich auf das Schwarz und Weiß-Grau, auf das verschossene Blau und das blasse Rosa und ein wenig bräunliches Gelb. Die von dem Hauptkontrast abweichenden Farben treten so wenig hervor, daß man nahezu von einer Schwarz-Weiß-Wirkung reden könnte. Man mag die Weichheit, mit der die zurücksitzende Gestalt des Herrn gegeben ist, wie das duftige helle Grau das Weiß des Plastron um-

La danseuse. 1874.   (0,93 : 1,42)
Sammlung Durand Ruel, Paris.

hüllt, bewundern. Um so simpler erscheint die Dame, an die man
schließlich immer in erster Linie denkt. Ihr Gesicht ist ganz dünn —
fast hauchartig — gemalt. Der rosa Fleischton scheint wie auf
modellierter Form koloriert. In groben Strichen liegen die gelblich-
braunen Ponys auf der glatten Stirn. Andere Details des Gesichtes
sind fast ängstlich gezeichnet. Mit dem Apparat der Engländer verglichen, scheinen Renoirs Mittel kindlich. Aber, und darin beruht
der Unterschied zwischen dem Modernen und allen Gainsborough
und Reynolds: diese Mittel — mögen sie sein, wie sie wollen — gehören
und gehorchen ihm. Er durchdringt sie, spannt sie mit seiner
Empfindung, und ihre Dürftigkeit tritt nur zutage, um seine
Empfindung durchblicken zu lassen. Dadurch verlieren sie, sobald
wir uns von dem materiellen Anblick des Bildes befreien, ihre
Art, werden zu der seinen, zu seinem, nur ihm eigentümlichen Ausdruck von Pracht, Luxus und Eleganz, und nur mittels eines un-
bewußten Rückschlusses finden wir die Farben schön, während
wir in Wirklichkeit den Ausdruck bewundern. Bei den Engländern
geht es uns gerade umgekehrt. Wir sehen reiche Mittel in einer
uns von den alten Meistern her geläufigen Art verwendet und sind,
wenn wir vor den Bildern stehen, wie geblendet. Das Auge kann
im einzelnen nachprüfen: so ist dies und jenes bei Tizian, bei
Rubens, bei Rembrandt, bei van Dyck gemacht. Die Pracht behält
ihren dekorativen Wert: die Bilder möblieren vortrefflich die Wände.
Aber jener transzendentale, aus dem Geringen entstehende Pracht-
begriff kommt nicht zustande. Die Spannung bleibt aus, weil
der über das Dekorative hinauszielende Zweck fehlt. Wir blicken
nicht durch das gespannte Netz der Mittel hindurch auf die
Empfindung, werden vielmehr von den Mitteln auf unwesentliche,
sensuelle Reize gelenkt. So erscheinen die Mittel wie irre-
führende Hinderungen. Sie liegen wie Schminke auf wesenlosen
Gesichtern.

Will man so recht den Unterschied zwischen Renoir und einer
nur auf den Apparat gerichteten Kunst erkennen, so vergleiche
man eines der vielen kleinen Mädchen, die Renoir damals gemalt
hat, z. B. die Kleine in der Schürze*), von 1875, oder, noch besser,
das Bildnis der kleinen Tochter Durand Ruels, von 1876, mit der
berühmten Miß Alexander von Whistler.

*) Mlle Legrand, Tochter eines Beamten im Hause Durand Ruel.

Mlle Legrand. Gegen 1875.   (0,60 : 0,81)
Kollektion J. und G. Bernheim, Paris.
Photographie Druet.

Die Engländerin wurde von Whistler mit großer Eleganz gekleidet, aber blieb ein Kostümbild. Die verliebte Mutter, die es sich zum Muster nimmt, wird nicht schlecht fahren. Jeder Backfisch, so oder so ähnlich gekleidet, wird reizend aussehen. Aber man macht sich keine Vorstellung, wie dieses Damenkind eigentlich unter den Kleidern aussieht. Man kommt nicht über die engen Grenzen der Details hinaus. Die kleine Durand Ruel ist „Gosse" ganz und gar, ebensosehr zum Abküssen wie die andere zum Ansehen, appetitlich mit dem freien Hals und den nackten Ärmchen, ganz Kind, junger Speck. Aber sie zeigt außer diesem Unterschied, den man vielleicht objektiven Verhältnissen zuschreiben könnte, ein anderes mit dem Kinde Whistlers unvereinbares Wesen. Auch sie ist sehr niedlich angezogen. Das blau-weiße Kleidchen steht ihr vortrefflich. Doch würde man vergeblich versuchen, daraus ein Muster für die Wirklichkeit zu gewinnen. Schon die Farbe läßt sich schwer bestimmen: dieses in Weiß schimmernde Blau, das in der Schürze um eine Nuance schärfer hervortritt, in dem Bändchen um den Hals, in der Schleife des Haares wiederkommt und die ganze Atmosphäre um das kleine Persönchen einhüllt bis auf den rotgeblümten Hintergrund, wo es sich zu matten Tönen verflüchtigt. Und wo wären solche Stoffe zu haben? Diese ge-hauchte Seide, neben der jedes, auch das feinste Gewebe grob und roh erscheint, die von der Sonne gewebt wurde. Nie wird man bei irgendeiner Einzelheit an Wirkliches denken, immer aber wie etwas Unabweisbares Wirklichkeit sehen, jene Wirklichkeit da vor uns, das kleine farbige Ding vor der verschossenen Tapete, das soeben hereingekommen ist, guten Tag zu sagen, jeder Zug Kind, unverfälschte Natur. Zwischen dem Bilde des Eng-länders und dem des Franzosen liegen Unterschiede wie zwischen Sein und Schein, und diese überbrückt nicht die billige Einsicht, daß von dem einen eine Art Distinktion ausgeht, die dem anderen mangelt. Die Art fördert uns nicht, befriedigt nur Schneidertriebe. Vielleicht war der Backfisch, den sich Whistler stellte, vornehmer als das kleine Modell Renoirs. Von dieser Vergangenheit ist nichts mehr übriggeblieben. Im Reiche der Kunst wird man das Kind Renoirs königlich nennen, während die Engländerin kaum an eine frisch gebackene Lordship heranreicht. Will man dem Whistler ein als Gegenstand vielleicht besser entsprechendes Sujet gegen-

Mlle Durand Ruel. 1876. (0,75 : 1,12)
Sammlung Durand Ruel, Paris.

überstellen, so mag man auf die kleine Tänzerin Renoirs zurückgehen. Der wesentliche Unterschied bleibt der gleiche. Mir scheint
das Porträt der kleinen Durand-Ruel wertvoller, es ist mehr Natur,
d. h. Malereinatur, organischer Reichtum an Malerischem. Man
spürt keinerlei Hemmnisse mehr zugunsten sekundärer Rücksichten.
Die Vision des Malers ersetzt zum erstenmal vollkommen das
Vorbild der Natur. Dieser Eindruck entscheidet gegen jede innere
Beziehung zu den Engländern, die manche Kritiker aufzustellen
versucht haben, und zwar zu allen Malern Englands, ob sie Gainsborough oder Whistler oder Turner heißen. Ihr Wesen ist dem
seinen von Natur aus fremd. Das Kolorit des späteren Renoir
kommt — gleichwie das Kolorit des späten Monet — zuweilen
Turners Palette nahe, und daher sehen manche seiner atmos-
phärischen Landschaften von weitem den bekannten Phantasien
aus Turners letzter Zeit ähnlich. Aber diese Ähnlichkeit ist, bei
Lichte betrachtet, nicht größer oder kleiner als die zwischen gefärbtem Glas und einem Bergkristall. Viel eher ließe sich in
dem späten Monet eine Verwandtschaft mit Turner nachweisen.
Die Engländer sind geschickte Seefahrer. Sie fahren mit reich
beladenen Schiffen um die Kunst herum. Renoir ist kristallisierter
Reichtum, der in der Tiefe des heimischen Bodens wächst. Er
greift zur Kunst, um sich eine unentbehrliche Ausdehnung zu
verschaffen, und setzt in der Kunst nur die eigene Natur fort.
Dabei findet er immer höhere Formen, immer reichere Variationen.
Aber mag auch die Wirkung der reifsten Bilder noch so differenziert
sein, stets bleibt mit ihr der sichere Eindruck einer ganz unge-
künstelten, unteilbaren, unentbehrlichen Aussprache verbunden.

Die siebziger Jahre sind für Renoir, was für Manet die
sechziger waren. Die Werke dieser Zeit werden stets die
größte Stimmenzahl für sich haben, so wie die Olympia oder
das Déjeuner sur l'herbe. Sie zeigen den Künstler dem Laien
so vorteilhaft wie möglich. Er besitzt die traditionelle Vollendung,
ist als Persönlichkeit vollkommen kenntlich und dabei doch noch
den überlieferten Werten so nahe, daß die Prüfung leicht fällt.
Langsam verändert sich das Bild. Man wird genötigt, schärfer
zuzuschauen, aber es fällt nicht schwer. Mit natürlicher Stetigkeit,
allmählich, nie sprunghaft geht das Wachstum vor sich. Die
kommenden Jahre sind für Renoir nicht, was für den Manet der

„Olympia" und des „Déjeuner sur l'herbe" die folgende Periode
war. Wohl legt er sich wiederum auf die Ausbildung des
Mittels und kommt dabei mit dem Problematischen der Zeit in
Berührung. Aber er verliert nichts dabei. Die Entwicklung, die
sich bei Manet nicht ohne Schwächung der Vision vollzog, ist hier
mit einer Steigerung verbunden. Renoir hat bis dahin sich und
anderen sein Recht auf Existenz nachgewiesen. Nun hebt die höhere
Existenz an, die Verfeinerung des Persönlichen, die Kondensierung
seiner Resultate, die Formulierung seines Begriffs von Modernismus.
Er gleicht dem Dichter, der nach der Exposition der materiellen
Tatsachen zur psychologischen Handlung schreitet.

Übrigens war es mit der leiblichen Existenz noch nicht weit
her. Choquet, der treue Prophet Cézannes, Renoirs erster Helfer,
der schon 1874 auf der ersten Impressionistenausstellung mit Wort
und Tat energisch für ihn eintrat und sich und seine Frau mehr-
mals von ihm malen ließ, verfügte bei seinen Aufträgen nur über
bescheidene Mittel. Auch die Enthusiasten zahlten Mitte der
siebziger Jahre nur wenige Hunderte für mittlere Bilder und waren
ihrer zu wenig, um den vielen talentvollen Hungerleidern Brot zu
geben. Der Einfluß Durand Ruels, der schon Anfang der siebziger
Jahre die Werke der Impressionisten zu verbreiten suchte, war
ganz gering, und über die wenigen Kritiker, die für sie eintraten,
machte man sich lustig. Die gewohnte Taxe im Hotel Drouot blieb
noch längere Jahre recht niedrig*). Renoir hat sich noch in der

*) Hier einige Zahlen. Am 24. März 1875 veranstaltete Durand-Ruel eine
Vente von Gemälden Monets, Sisleys, Renoirs und der Berthe Morisot im Hotel
Drouot. Es kam am Tage der Ausstellung zu tollen Skandalszenen, die in
Prügeleien ausarteten, und die Auktion konnte nur mit Hilfe der Polizei durch-
geführt werden. Die zwanzig Gemälde Renoirs brachten zusammen 2251 Frcs.
Dabei waren, wie mir Durand Ruel erzählte, einige Preise von Freunden „hoch-
getrieben" und mußten nachher von dem Ergebnis abgezogen werden. Unter
den Bildern befanden sich mehrere Meisterwerke. „La Source" (hier abgebildet)
wurde mit 110 Frcs. zurückgezogen (dreißig Jahre später verkaufte sie Durand
Ruel für 70000 Frcs. an den Prince Wagram). „Avant le bain" (ebenfalls
hier abgebildet) wurde für 140 Frcs. an den Sammler Hecht verkauft. (Dieser
verkaufte das Bild später an Duret. Auf der Vente Duret am 19. März 1894
erwarb Durand Ruel das Bild für 4900 Frcs.) „Le Pêcheur à la ligne" kaufte
der Verleger Georges Charpentier für 180 Frcs. (Auf der Vente Charpentier
im Jahre 1907 brachte das Bild 14050 Frcs.) Den höchsten Preis, 300 Frcs.,
erzielte eine der schönsten frühen Landschaften „Une vue du Pont Neuf." — Am

Zeit, da die Werke entstanden, die vielen Freunden seiner Kunst für die meisterlichsten gelten, recht kümmerlich durchschlagen

28. Mai 1877 wurden 45 Bilder von Caillebotte, Pissarro, Renoir und Sisley im Drouot verkauft. Durand Ruel, der Veranstalter, blieb fern, da die kurz vorher in seinem Lokal veranstaltete zweite Ausstellung der Impressionisten wieder einen Sturm der Entrüstung entfesselt hatte, und er auf diese Weise die Gemüter zu beruhigen hoffte. Der Erfolg war der gleiche. Die 16 Gemälde Renoirs brachten 2005 Frcs. Die Preise haben sich in den nächsten zehn Jahren nur wenig verändert. Das Porträt der Mme. Charpentier und ihrer Kinder wurde Renoir von seinem Freunde, dem Verleger Charpentier, mit 300 Frcs. bezahlt. (Es brachte auf der Vente Charpentier 1907 84000 Frcs.) Das Bildnis der Schauspielerin Samary, das mit der „Famille Charpentier" im Salon von 1879 figurierte, eins der schönsten Bildnisse Renoirs, erwarb Durand Ruel vom Künstler für 1500 Frcs. (Er verkaufte es dem Prince de Polignac für 2000 Frcs. und kaufte es in den neunziger Jahren von dem Sammler für 8000 Frcs. zurück. Es ging dann in verschiedene Sammlungen, bis es vor einigen Jahren dem Sammler Morosoff in Moskau für eine hohe Summe zufiel.) Auf der Vente Hochédé im Juni 1878 brachten drei Gemälde Renoirs zusammen 156 Frcs. Es waren der Pont de Chatou (42 Frcs.), Jeune fille dans un jardin (30 Frcs., gegenwärtig in der Privatsammlung Durand Ruels) und die Femme au Chat, die 1900 auf der Pariser Centennale ausgestellt war (84 Frcs.), ebenfalls bei Durand Ruel, (hier abgebildet). In den achtziger Jahren stiegen die Preise langsam. Die hier abgebildeten „Pêcheuses de Moules" wurden Renoir von Durand Ruel mit 2500 Frcs. bezahlt. Die erste Renoir-Ausstellung, die Durand Ruel in einer Wohnung des Hauses 9 Boulevard de la Madeleine vom 1. bis 25. April 1883 veranstaltete, für die Duret eine kurze Vorrede schrieb, hatte in einem kleinen Kreise einen gewissen Erfolg. Viele Bilder waren aber auch noch in den neunziger Jahren spottbillig zu haben. Das Bildnis einer Dame als Page, heute eine der Perlen der Sammlung Prince Wagram, stand lange vor einem Trödlerladen der Rue de Rennes auf der Straße. Der Trödler hatte mit Kreide den verlangten Preis auf die Leinwand geschrieben: 80 Francs. Ein anderes Bild derselben Sammlung, „Les enfants de Catulle Mendès (Salon 1890) wurde dem gutmütigen Künstler, der damals noch keineswegs aller Sorgen ledig war, von seinem Freunde (?) Catulle Mendès mit 100 Frcs. bezahlt. Aber auch die normalen Preise für Werke, die nicht gerade den beliebten siebziger Jahren angehörten, waren auf den großen Ventes der letzten Jahre recht bescheiden. Renoirs Hauptwerk, „L'aprèsmidi des enfants à Wargemont" (Nationalgalerie, Berlin), wurde auf der Vente Bérard im Mai 1905 von den Experten auf 20000 Frcs. geschätzt und zu 14000 Frcs. verkauft. Duret erzählt in seinen „Peintres Impressionistes" ausführlich, welche Schwierigkeiten Renoir als Testamentvollstrecker des 1894 gestorbenen Caillebotte zu überwinden hatte, um auch nur einen Teil des Vermächtnisses an das Musée du Luxembourg zu bringen. Ich erinnere mich noch gut des Entsetzens, das der Caillebotte-Saal anfangs hervorrief. Und noch vor wenigen Jahren verursachte die Aufnahme des geschenkten Bildnisses der Schwarzen Dame Renoirs an dasselbe Museum nicht geringe Bedenken.

Selbstbildnis. Gegen 1875.   (0,29 : 0,38)
Sammlung Donop de Monchy, Paris.
Photographie T. Pagnioud.

müssen. Wohl blieb ihm die äußerste Not, der Hunger, der den
armen Sisley nie verließ, und den Monet, der nicht hauszuhalten
wußte, oft genug zu kosten bekam, erspart, weil er seine geringen
Bedürfnisse mit den zu jedem Preis angenommenen Porträtaufträgen
zu decken wußte. Ein wenig mag ihm auch seine Mutter geholfen
haben, die damals in Louveciennes wohnte und bescheidene Ein-
künfte besaß. In der Nähe, in Chatou, Croissy, Bougival pflegte
Renoir im Sommer zu malen. Wenigstens konnte er sich bei der
Mutter satt essen. Zuweilen, so erzählte er einmal, steckte er sich
während des Essens die Taschen voll Brot, um es Monet zu bringen.
Immerhin blieb auch ihm kaum eine Bitterkeit erspart, und selbst

seiner spartanischen Lebensweise, für die es keinen materiellen
Genuß gab, gelang es nicht immer, der Sorge zu entlaufen. Das
kleine Selbstbildnis der Sammlung Donop de Monchy, das aus
der Mitte der siebziger Jahre stammen dürfte, zeigt einen mit
äußerster Energie ringenden Menschen. Es ergänzt die Charakteristik, die wir der Feder des Bruders verdanken*). Die scharfen
Linien des Gesichtes verraten kaum noch Spuren der weichen
Züge, die dem sorglosen Gast der Mère Anthony gehörten. Wieder
mag man über die seltene Art des Naiven nachdenken, die sich
hinter diesem Gesichte verbarg. Die Züge wurden hart, nicht die
Bilder. Die Bilder wurden immer froher und weicher.

Die Entwicklung geht zunächst in die Richtung der Farbe.
Renoir sucht die von allen möglichen Reminiszenzen durchsetzte
Palette zu reinigen und Monets Forderung einer chromatischen
Harmonie besser als vorher zu erfüllen. Man muß sich diese
Entwicklung nicht als mechanische Prozedur vorstellen. Der
Unterschied zwischen der „Loge" und dem großen Bild im Musée
du Luxembourg, „Moulin de la Galette"**), von 1876, erschöpft
sich nicht mit der objektiven Reinigung der Farben. Denn
diese wird erst bei der Analyse des Bildes offenbar, bestimmt
nicht die Totalität des Eindrucks, ganz abgesehen davon, daß die
absolute Reinheit in dem Gemälde noch lange nicht erreicht ist.
Noch schwankt die Basis zwischen ungelöstem Schwarz und Blau.
Was in die Augen springt, ist die größere Lebendigkeit des Ganzen.
Die vielen Gestalten sind viel weniger porträtiert als das magistral
präsentierte Paar in der Loge. Während man sich bei diesem der
Wollust der Erinnerung an alle je vor Bildern genossenen Freuden

*) In dem oben erwähnten Aufsatz der „Vie moderne" von 1879 schildert
Ed. Renoir so den Bruder in jungen Jahren: „L'air pensif, songeur, sombre, le
front courbé, l'oeil perdu, vous l'avez vu vingt fois traverser en courant le
boulevard; oublieux, désordonné, il reviendra dix fois pour la même chose sans
penser à la faire; toujours courant dans la rue, toujours immobile dans l'intérieur,
il restera des heures sans bouger, sans parler; où est son esprit? Au tableau
qu'il fait ou au tableau qu'il va faire; ne parle peinture que le moins possible.
Mais si vous voulez voir son visage s'illuminer, si vous voulez l'entendre —
o miråcle — chansonner quelque gai refrain, ne le cherchez pas à table, ni dans
les endroits où l'on s'amuse, mais tâchez de le surprendre en train de travailler.

**) Eine sehr weitgetriebene Skizze (oder Wiederholung kleineren Umfangs)
von großer Schönheit befindet sich in der Sammlung Prince Wagram.

Moulin de la Galette. 1876.
Musée du Luxembourg, Paris.
Photographie Druet.

(1,77 : 1,32)

überläßt, leitet das Tanzbild den Sinn des Betrachters auf eine wie Neuheit wirkende Natur. Das Fleisch wird nicht mehr wie in den früheren Werken sauber modelliert, sondern wird Teil einer mehr pantheistischen Anschauung. Wie in der „Lise", in dem Mädchen der Nationalgalerie, in dem „Ménage Sisley" und so vielen anderen Bildern sehen wir Menschen im Freien, aber es scheint fast, als ob das Freie vorher ein übernommener Begriff gewesen wäre, für einen dekorativen Hintergrund geeignet, während es jetzt ein Kosmos ist mit Luft und Licht, in dem sich Menschen bewegen. Der Pinsel trifft die Leinwand wie die Sonne die unter den Bäumen tanzende Menge. Dieser Vertiefung des Natürlichen dient die Reinigung der Palette. Wie in jedem gelungenen Gemälde bindet die Farbenverteilung die Vielheit der Erscheinungen. Dieses ordnende, d. h. rhythmische Element gelangt, wie schon Delacroix zeigte, da, wo reine Farben als Basis dienen, zu einer viel ausgiebigeren Wirkung, als die alte Methode, weil innerhalb reiner Farben die Variationen der Harmonien ohne Gefährdung der Einheitlichkeit viel weiter getrieben werden können. Freilich stützt sich die Einheitlichkeit auf andere Elemente als in den früheren Bildern. Der Farbenfleck wird der Träger der Wirkung. Was vorher fest zusammengefügt war, wird geteilt. Die Auflösung der vorher erlangten Form zugunsten einer neuen geht zunächst nicht ohne Opfer vor sich. Es wogt von Farben in diesem fröhlichen Tanz, wo die Sonne mitzutanzen scheint, aber man wird eine gewisse Unruhe nicht los, wenn man der Geschlossenheit der früheren Werke gedenkt, und nicht jeder Betrachter findet gleich in der Einsicht, daß neue Zwecke neue Formen bedingen, vollen Ersatz. Man muß sich hineinsehen. Es ist dazu eine Art jenes guten Willens erforderlich, dessen man beim Eintritt in so eine tanzende Gesellschaft bedarf. Man muß mitmachen, will man nicht in einer Ecke Trübsal blasen. Es ist ein kleiner Ruck erforderlich, um die Welt so, wie sie hier gesehen wird, zu sehen. Aber ich weiß keinen Modernen, dem man diese aktive Teilnahme leichter gewährte, der mit dem Strudel seiner Laune so viele Möglichkeiten des Anschlusses bringt, in dessen Rhythmen man so leicht die lichte Menschlichkeit ihres Schöpfers erkennt. Fast scheint die Frohheit des Betrachters allein zu genügen, um solche Bilder, auch die späteren, die viel höhere Ansprüche stellen, zu begreifen.

La Grenouillière.   Gegen 1873.   (0,55 : 0,45)
Sammlung Thomsen, Hamburg.

Am schwersten fällt die Entscheidung bei den rein landschaft-
lichen Motiven. Ich kenne kaum eine Landschaft der achtziger
Jahre, die sich neben das kostbare kleine Bild mit dem Badewagen
„La Grenouillière" der Sammlung Thomsen in Hamburg oder
das noch frühere Bild gleichen Titels der Sammlung Theo Behrens
stellen läßt. Selbst die strahlenden Ansichten Venedigs haben nicht
den unerklärlichen Reiz jener Bilder. Der Umstand, daß die
späteren Landschaften reinere und lichtere Farben und mit ihnen
andere, glänzendere Seiten der Natur zeigen, bleibt für diese
Empfindung ganz unwesentlich. Renoir war kein Landschafter wie
Monet, Sisley oder Pissarro. Die großen Primitiven sind auch nie
Landschafter gewesen. Seinem naiven Sinn gab das menschen-
leere Motiv nicht genug zu tun. Seine Ansichten des Südens aus
der mittleren Zeit sind fast immer um eine Nuance zu unruhig oder
wirken wie Farbenspiele, denen der eigentliche Zweck abgeht.
Die Landschaft mit den blühenden Kastanien der Berliner Nationalgalerie, von 1881, oder der „Pont de Chemin de fer à Chatou"

Landschaft. Gegen 1875.   (0,55 : 0,46)
Sammlung Durand Ruel, Paris.

desselben Jahres sind Beispiele. Er mußte fabulieren können.
Wohl hat er viele Bilder wie ein Landschafter gemalt, so die
„großen Boulevards", die noch 1875 entstanden, auf denen kaum
eine Einzelheit des Menschengewimmels greifbar wird. Schließlich
könnte man auch „Moulin de la Galette" eine Landschaft nennen.
Aber das Gewimmel, das er scheinbar so souverän und un-
empfindlich für das einzelne behandelte, gab ihm doch die Möglichkeit, sich auszudehnen, seine Laune spielen zu lassen. Er
bedurfte der Vielheiten, um einfach zu werden. Man braucht nur
die „grands Boulevards" mit ähnlichen Motiven von Monet oder
Pissarro zu vergleichen, um zu erkennen, wieviel der Lyriker, der
aus den unscheinbarsten Zufälligkeiten die Elemente seines Spiels
gewinnt, vor dem Analytiker voraus hat. Renoir brauchte wie
Manet in seinen Bildern Menschen, um sich hinzugeben. Er wäre
versiegt, wenn man ihm verboten hätte, Frauen zu malen. So un-

La source. 1876.   (1,08 : 1,30)
Sammlung Prince Wagram, Paris.
Photographie Durand Ruel.

wesentlich der Gegenstand für unsere Betrachtung sein mag, so wichtig galt er dem Künstler.

In der Darstellung des Menschen im Freien übertraf Renoir bald das Niveau des „Moulin de la Galette". Noch experimentierte er. Die vielen Studien nach Gruppen im Freien von der Art der reizenden „Tonelle", früher in der Sammlung Viau, dienten ihm nur zu Studien der Bewegung des Lichtes. Und demselben Zweck mag das Bild mit dem fast lebensgroßen Mädchen vor der Quelle gedient haben: „la Source". Wir spüren nichts von solchen Absichten mehr. Aus den Lichtstudien sind Märchen geworden.

Die fast chromatische Reinheit wurde schon in der „Balançoire" des Luxembourg erreicht, die noch 1876 entstand; einer schönen Symphonie in Blau. Reine violette Töne geben die Quadrierung des rosa Weges durch die Sonnenflecke und die Schatten der Figuren. Muß man in dem Werk dieser Palette eine bedingungslose Anerkennung der Farbentheorien Monets sehen? Mir scheint es mehr als zweifelhaft, denn in vielen gleichzeitigen Bildern, wie z. B. dem kostbaren Frauenbildnis einer deutschen Sammlung (1876), und auch später hat Renoir Schwarz verwendet und ist gut dabei gefahren. Er ging nie wie Monet von der Palette aus, um zu Bildern zu gelangen. Die Farbe blieb das Mittel, das er seinen Zwecken unterwarf. In dem kleinen Bilde von 1876, das unter dem Titel „Atelier de l'Artiste" Monet, Pissarro und drei andere Freunde des Künstlers vereinte, versuchte Renoir zum erstenmal, seine Erfahrungen mit dem Pleinairismus auf ein Gruppenbild im Zimmer zu übertragen. Es blieb Skizze. Aber kaum zwei Jahre später gelang der Versuch über alle Maßen in dem großen Bildnis der Familie Charpentier, das seinem Autor im „Salon" von 1879 den ersten notablen Erfolg eintrug und ihn jetzt in Amerika, im Metropolitan Museum von New York, würdig vertritt. In der Palette ließ Renoir auch bei diesem Hauptwerk die Konsequenz der modernen Koloristik außer acht. Glücklicherweise, möchte man hinzufügen, denn man kann sich kaum denken, wie die kostbaren schwarzen Töne im Kleid der Dame und in dem Bernhardiner zu ersetzen wären. Sie sichern die Buntheit des Zimmers und geben, zumal mit dem Gelb und Lila des Teppichs und den zarten Tönen der kleinen Mädchen, wundervolle Kontraste. Die Anordnung fordert die alten Meister in die Schranken. Die große, scheinbar zufällig entstandene Kurve vom

La famille Charpentier. 1878.   (1,90 : 1,545)
Metropolitan Museum, New York.
Photographie Druet.

Place Pigalle. Gegen 1880.   (0,55 : 0,65)
Sammlung Prince Wagram, Paris.
Photographie Druet.

Ende der pompösen Schleppe des Damenkleides bis zu dem Kopf
des Hundes läßt den ganzen Komfort des Milieus zur Geltung
kommen. Diesen Umriß bereichert die Struktur der verschiedenen
Materien. Sie wirken wie gestickt mit Farben, dabei doch leicht
und ganz natürlich. Huysmans meinte von dem Bilde, die Farben
sähen wie „effacées avec un tampon de linge" aus*). Man glaubt
hier in der Tat schon die Interieurbehandlung eines Bonnard an-

*) L'Art Moderne (Charpentier, Paris 1883) im Appendice. Er legt hier
irrtümlich das Bild in das Jahr 1876, hat es aber selbst in seinem „Salon" von
1879 übrigens etwas unsicher besprochen.

Le déjeuner. 1879. (0,81 : 1,00)
Städelsches Institut, Frankfurt a. M.

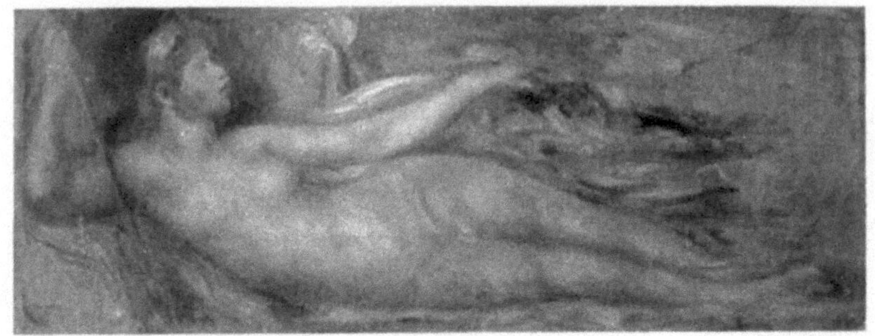

Panneau. Gegen 1878.   (1,51 : 0,59)
Sammlung Vollard, Paris.

gedeutet zu finden*). Unter der Hülle eines gewissen Konventionalis-
mus, der die Pikanterie vergrößert, verbirgt sich mancher Hinweis
auf die Zukunft. Die Früchte und Blumen auf dem Tischchen des
Hintergrundes deuten auf die prickelnde Süßigkeit der späteren
Stilleben Renoirs. Das 1879 in helleren Tönen gemalte „Déjeuner“,
das seit kurzem im Städelschen Institut in Frankfurt hängt, bringt
eine Fortsetzung dieser Stillebenkunst, und dazu drei prachtvolle
Porträts. Der Herr in der Ecke ist wohl wieder der Bruder des
Künstlers. Von seinen beiden Partnerinnen gibt unsere Abbildung
nur einen dürftigen Begriff. Sie sind in Wirklichkeit die Früchte
dieses reichen Tisches. Die eine der Grisetten hat ein Likör-
gläschen in der Hand. Der Herr steckt sich eine Zigarette an.
Welcher Dichter vermöchte das Behagen jener Après-Déjeuner-
Stimmung zu schildern! Die gleichzeitige „Femme à la grenouillère“
der Sammlung Sulzbach in Paris ist eine Ergänzung des „Déjeuner.“
Von dem Tisch ist nur eine Ecke sichtbar mit einem blonden rosigen
Mädchen in blauem Kleid und gelbem Strohhut. Jenseits gleitet
der Blick auf die Windungen der Seine. Es ist, als entstände die
Landschaft aus dem blaugrünen Duft, der das Mädchen umgibt.
Sie bestätigt, was wir von Renoirs Landschaftertum sagten. Es

---

*) Es ist hier nicht der Ort, des näheren auf die zahlreichen Beziehungen
zwischen Renoir und dem bedeutendsten Künstler des jüngeren Frankreichs ein-
zugehen. Nur auf ein wenig bekanntes Interieur Renoirs sei hingewiesen, das
diese Beziehungen sehr deutlich macht: der Tisch mit der Melone und den Blumen
der Sammlung Donop de Monchy in Paris. Auch manche figürlichen Bilder
Renoirs wirken wie freie Vorbilder Bonnards, z. B. die hier abgebildete „Place
Pigalle“ mit der davoneilenden Grisette im Vordergrund.

Panneau.   Gegen 1878.   (1,51 : 0,59)
Sammlung Vollard, Paris.

gibt kaum eine schönere Landschaft von ihm als diesen Hintergrund.

In diesem an Werken reichen Jahre 1879 entstand das große
Bild mit den „Pêcheuses de moules", das 1880 im „Salon" ausgestellt war und heute im Hause Durand Ruels hängt*).   Die
blauäugigen, flachshaarigen Fischerkinder des Nordens scheinen an
einen fernen farbentrunkenen Strand verschlagen. Das Bild ist
viel weniger virtuos gemalt als die meisten Werke aus der zweiten
Hälfte der siebziger Jahre und nicht frei von Dissonanzen, die zu
dem Phantastischen beitragen.   Man glaubt einen primitiveren Sinn
zu erkennen. Ist die ungewohnte Szene daran schuld? Ich glaube
vielmehr, daß sich hier eine neue Richtung in der Entwicklung
des Malers vorbereitet, die in den achtziger Jahren bestimmend
werden sollte.

Außer den „Pêcheuses de moules" erschien im Salon von 1880
das schlafende Mädchen im Hemd und blauem Rock auf rotem
Sessel: „La femme au chat"**). Auf seinem Schoß liegt eine

---

*) Gegen 1890 malte Renoir eine Wiederholung des Werkes. Die Kom-
position wurde annähernd beibehalten, dagegen das Format ein wenig verbreitert
und stark verkleinert. Die neue Technik (siehe Kapitel IV) verändert vollkommen die Wirkung der Gestalten. Renoir teilte die Flächen mit einem losen
System farbiger Striche, lockerte gewissermaßen die Pracht der ersten Fassung,
machte das Bild organischer, aber nahm ihm den phantastischen Zauber, den kein
Einwand gegen die schwerfällige Malerei zu schmälern vermag. — Beide Fassungen
sind hier abgebildet, die Wiederholung unter den Bildern des vierten Kapitels.

**) Den Kopf mit dem Strohhut hat Renoir noch einmal gemalt. Das Bild
befindet sich ebenfalls in der Sammlung Durand Ruel.

schlafende graue Katze, eingewiegt in das strahlende Blau des
Kleides, und scheint teil an dem Traum zu haben, der das Mädchen
umfängt. Was würde Delacroix, der an Courbets schlummernder
Spinnerin Gefallen fand, zu dieser Darstellung schlafenden Lebens
gesagt haben! Die Erinnerung an Courbet klingt in diesem Bilde
noch wie ein leises Echo mit; aber was der vermochte, das in die
Poren der Leinwand gepreßte animalische Dasein, scheint hier
mit noch größerer Wahrscheinlichkeit in eine höhere Sphäre
getragen. Immer noch bleibt das Wesen animalisch. Wäre es
anders, so wäre das Resultat Lüge. Aber diese Erkenntnis beherrscht nicht wie vor Bildern Courbets den Betrachter. Sie ist
nur der Pol, um den sich höhere Empfindungen gruppieren, und
befestigt eine Manifestation, die man versucht ist, seelisch zu
nennen. Diese Erscheinung hängt mit dem Farbigen zusammen.
Ich meine damit nicht die Palette, sondern die in dem Farbigen
wahrnehmbare Empfindung, die unendlich höher steht als Courbets
altmeisterlicher Realismus. Die Farbe leistet im Bilde Renoirs
mehr als in dem Courbets. Sie gibt nahezu ein Doppelwesen.
Einmal hilft sie zur Verdeutlichung des Körpers, des Endlichen,
und weiter führt sie ein scheinbar davon unabhängiges Dasein.
Sie schafft eine für sich bestehende Harmonie, die uns zum Un-
endlichen leitet. Das für sich lebende, sprühende, glühende
Blau, das den schlafenden Körper und das schlafende Kätzchen
umhüllt, drückt besser, als jede physiognomische Anspielung vermöchte, das Allegorische des Bildes aus. Es wirkt, gerade weil
der Künstler auf jeden direkten gegenständlichen Hinweis ver-
zichtet, so stark symbolisch, wie ein zauberhaftes Abbild bunten
weiblichen Traumlebens. Diesen Zauber versagt Courbet, so sicher
er alles Sichtbare traf, und nie hat ein anderer Maler solche
Ahnungen verbildlicht. Die lässige Hingabe der Frau im Traum
hat Fragonard oft mit Meisterschaft geschildert. Doch können wir
uns vor dem Renoir nicht einer leisen Verachtung jener schnell
erschöpften Erotik erwehren. Man möchte, in Renoirs Zauber
befangen, fast glauben, daß der berühmteste Frauenmaler des
Dixhuitième ein künstliches Wesen vor sich sah.

Solcher Bilder hat Renoir einige Hunderte gemalt. Immer
Mädchen, schlafend, sitzend, liegend, nackt, bekleidet, mit nichts
als ihren Träumen beschäftigt; Frauen in der ersten Blüte mit ihren

La femme au chat. 1878/79.   (0,90 : 1,20)
Sammlung Arnhold, Berlin.

Kindern. Man hat die Masse getadelt. Ganz dasselbe könnte man mit nicht geringerem Recht Rubens vorwerfen. Wer die Masse tadelt, der mangelt des Sinns für Nuancen auf einem Feld, wo Nuancen alles bedeuten. Innerhalb einer Art, der nur die Schönheit eine Grenze zieht, leben Tausende von Individuen. Was sie einander ähnlich macht, die farbige Form des Malers, scheint das durch keine Unterschiede zu verwischende elementare Wesen des Weibes zu sein, und wir empfinden die Gemeinschaft wie eine sichere Gewähr für die Lebensfähigkeit dieser Geschöpfe. Das gemeinsame Zeichen der Art hindert nicht eine weitgehende Charakteristik. Da ist das Mädchen aus dem Volke, da die Tochter des Bürgers, da die Aristokratin. Wir erkennen sie nicht auf den ersten Blick, keine abgebrauchten äußerlichen Unterschiede unterscheiden. Im Nackten zeigt Renoir die Rasse. Da ist das robuste Kind des Landes, das in allen Fährnissen der Großstadt die kostbare Einfalt behält, die wir so oft an der kleinen Pariserin bewundern. Da ist die geborene, zarte, schlanke Großstädterin. Sie sieht natürlicher aus, als Kenner der Französin zugeben mögen. Aber dringt der Kenner tief genug in jenes widerspruchsvolle Wesen, auf dessen Grunde sich immer noch die naive Lebensfreude erhält? Gute Augen können auch heute noch in dem sündigen Paris viele Mädchen Renoirs auf der Straße vorbeieilen sehen. Der Typus ist mindestens ebenso sachlich wie die Cocotten Lautrecs. Hier walzt in üppiger Schleppe die verwöhnte Schöne im Saal des Faubourg St.-Germain, mit der kaum wahrnehmbaren naschhaften Keckheit in Blick und Haltung, und führt den Herrn, während sie sich führen läßt. Dort tanzt sie im billigen Sommerkleidchen in Bougival, nur selige Sonntagsfreude. Solche, sich dem Genre nähernden Szenen, die ein zusammenfassender Griff über alles Genrehafte erhebt, sind verhältnismäßig selten. Renoir bedarf nicht des Mannes, um die Frau, wie er sie sieht, zu schildern. Er gibt von ihr nicht nur das, was sie dem Manne gibt. Sein Instinkt erhebt sich über die fälschende Beziehung der Geschlechter zu einander. Er zeigt die Frau am liebsten allein und trifft etwas von der verwunschenen Einsamkeit des Weiblichen inmitten unserer Welt. Oder er zeigt sie mit der Freundin, der Vertrauten, zeigt jene Fülle zartester Beziehungen zwischen Mädchen und Mädchen, Frau und Frau, die untrennbar von dem Weiblichen sind, an die

Damenbildnis.   1876.
Deutscher Besitz.
Photographie Durand Ruel.

(0,40 : 0,60)

unsere heute mehr als je vergröberte Männlichkeit nie heranreicht.

Wer die Masse tadelt, liebt nicht die Frau, kennt nicht ihren Reichtum, ist selber im Herzen arm. Ebensogut könnte man jenen unverwüstlichen Rosenstöcken in den Gärten zerfallener Paläste, die das Werk der Menschen überdauern, vorwerfen, immer noch Blüten zu treiben. Die Menge gehört zu dem Symbol der Fruchtbarkeit. Es strömt von Leben aus diesen hundert und aberhundert Mädchenaugen, Mädchenlippen, Mädchenbrüsten. Eine paradiesische Fleischeslust, noch unverlangend, noch ungekrümmt von Leidenschaft, noch Idylle, und doch von starken Sinnen strotzend. Die Liebe dieser prachtvollen Geschöpfe entwurzelt nicht. Man sieht ihre Zeugen in den Kindern Renoirs. Wer hat je solche Babys gemacht! Die Putten der Alten sehen wie Versatzstücke daneben aus. Wie hätte auch je eine Zeit, die nicht alles aufs Spiel der Farbe setzte, das formlos Farbige des jungen Fleisches treffen können!

Aber wer in Renoir nur einen Koloristen sieht, hat ihn nie gesehen. Gewiß, die Farbe, diese und keine andere, diese in Weiß schwimmenden Blau und Rosa, die selbst da, wo sie sich ganz enthüllen, nur wie die kühlen Oberflächen von reicheren, in der Tiefe glühenden Farben scheinen, ist sein, sie enthält ihn wie der Leib die Seele. So spricht nur er. Seine Sprache klingt wie die Stimme eines Vertrauten, die uns mit jedem neuen Wort alle anderen wiederholt, die sie je zu uns gesprochen hat. Gewiß, wir könnten uns nie von diesem Zeichen seiner Art befreien, möchten es nie entbehren, können es nie genug ergründen, nie genug bewundern. Es ist der Schlüssel, der uns in den Zauber führt. Ist man aber ganz eingedrungen, fühlt man sich so heimisch in seiner Welt wie in dem Herzen des Vertrauten, so mag sich der Schlüssel als Schlüssel, das Zeichen als Zeichen erweisen, und das Mittel, das uns führte, gering erscheinen gegen die Fülle, die sich uns jetzt offenbart. Dann möchte man den Worten Schweigen gebieten. Wir vernehmen nicht mehr mit unseren gewohnten Organen und bedürfen keiner Zeichen mehr. Wer sänne, von der Macht eines Gedankens im Innersten getroffen, dem Laut nach, der ihn zu uns brachte.

Das Koloristentum ist zu eng für einen Renoir, sowie es zu

Les pêcheuses de moules à Berneval. 1879.   (1,30 : 1,75)
Sammlung Durand Ruel, Paris.

endlich für einen Rubens oder Delacroix erscheint. Wie ein breiter Strom fließt das Werk an uns vorüber. Seine Wellen, in denen sich zauberische Gebilde spiegeln, tragen uns in eine höhere Anschauung. Diese ist Renoir, ist es mehr als seine Palette, und sie ist mehr wert, ist seltener, ist einzig. Unsere Zeit hat Intellekte. Wir machen erstaunliche Analysen und reduzieren die Welt auf ein paar Zahlen. Und hier schafft einer aus dem Dunst der Großstadt einen Garten, in dem Milch und Honig fließen und Menschen wandeln, die nie den Niedergang der Rassen gespürt. Schafft sie aus Fleisch und Blut, ohne Phantasmagorien, mit dem Licht, das die Haut lebender Modelle streift; schafft sie aus unserer entgötterten Welt, mit unserem Materialismus, naiv wie ein Giotto, überschäumend wie ein Rubens. Keiner der großen Männer Frankreichs des letzten Jahrhunderts hat so überzeugend die unbändige Gesundheit dieses Volkes erwiesen, von dessen Verderbtheit und Niedergang so manche Fabeln handeln. Daß die farbenreiche Pariser Kunst einen glänzenden Koloristen mehr hervorbrachte, das ist weiter nicht merkwürdig. Da der Maler ein großer Künstler ist, muß er notwendig irgendwie zum Positivismus beitragen. Eins ist die Folge des anderen. Aber daß der Positivismus in unseren Tagen zu einem so unverhohlenen Ausdruck gelangen, daß das Land der großen Skeptiker und kleinen Blagueurs ein so unverhohlenes Zeugnis strahlender Lebensbejahung hervorbringen konnte, das mag als Wunder und als ein glückliches Wunder gelten.

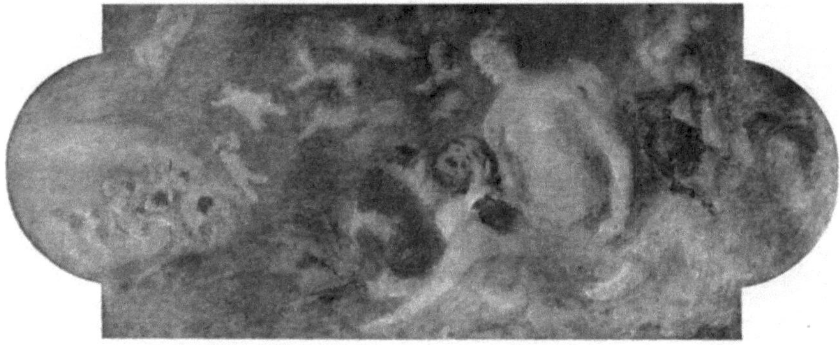

Tannhäuser. Skizze einer Dekoration für den Dr. Blanche. 1879. (1,42 : 0,57)
Sammlung Durand Ruel, Paris.

Entwurf einer Dekoration für M. Charpentier. Gegen 1875.   (0,29 : 0,45)
Sammlung J. und G. Bernheim, Paris.
Photographie Druet.

Sur l'herbe. Gegen 1875.   (0,74 : 0,60)
Sammlung Prince Wagram, Paris.
Photographie Druet.

Frauenbüste. Gegen 1875. (0,65 : 0,81)
Sammlung Durand Ruel, New York.

Aktstudie. Gegen 1875.   (0,75 : 0,92)
Sammlung Stchoukine, Moskau.
Photographie Durand Ruel.

Junges Mädchen.   Gegen 1875.   (0,54 : 0,65)
Sammlung Prince Wagram, Paris.
Photographie Druet.

Ingénue.   Gegen 1876.   (0,46 : 0,55)
Früher Sammlung Alphonse Kann, Paris.
Photographie Druet.

Bildnis des Herrn Choquet.   1876.   (0,36 : 0,46)
Sammlung Durand Ruel, Paris.

Le premier pas. Gegen 1877.   (0,81 : 1,11)
Sammlung Pellerin, Paris.
Photographie Druet.

La pensée. Gegen 1877.   (0,54 : 0,65)
Sammlung Jules Strauß, Paris.
Photographie Druet.

Confidences.   Gegen 1878.   (0,50 : 0,61)
Sammlung Viau, Paris.
Photographie Druet.

Mlle Samary. 1879.
Kollektion Morosoff, Moskau.
Photographie Durand Ruel.

(1,02 : 1,73)

Mädchenkopf. Gegen 1880.   (0,32 : 0,415)
Sammlung J. und G. Bernheim, Paris.
Photographie Druet.

Bildnis des Malers Cézanne (Pastell).   1880.   (0,43 : 0,54)
Sammlung Durand Ruel, Paris.

Girardon. Bleireliefs in den Gärten von Versailles.

III.

Renoir war zu einer eigenen reichen Form gelangt, hatte sie in zahlreichen Meisterwerken gesichert, und endlich nahten die ersten Zeichen des Erfolges. Der „Salon" öffnete sich ihm, wenn auch immer noch widerstrebend, und zu den Enthusiasten waren einige vermögende und einflußreiche Liebhaber dazugekommen, die den Künstler stützten. In diesem Moment gab er seiner Kunst eine Richtung, die sich zu den bisher erreichten Resultaten nahezu in Gegensatz stellte, allen Anschauungen seines Kreises, zumal den Maximen des Impressionismus widersprach und keinem Pariser Liebhaber genehm sein konnte. Mehr als alles andere bestätigt dieser kühne Versuch, der zu einer zweiten Reihe von Meisterwerken führte, den Optimismus des Meisters.

Diese Entwicklung umfaßt die Etappen von dem „Moulin de la Galette" zum „Déjeuner des Canotiers" von 1881; von dem Gruppenbild der Familie Charpentier zu dem der Kinder Bérard von 1884, in der Berliner Nationalgalerie; von den weichen Fleischstudien der siebziger Jahre zu den „Baigneuses" von 1885, in der Sammlung Blanche in Paris. Man könnte noch viele andere Zwischenglieder nennen. Das Stück enthält die Erfüllung der Ahnungen, die man schon an die Werke des Debütanten knüpfen konnte, einen in seiner Vollkommenheit in der französischen Kunst unserer Tage alleinstehenden Ausgleich zwischen den beiden Faktoren, die Courbet ungeeint ließ, der Materie und der Arabeske. Der Geist Delacroix' schwebt über der bisher durchlaufenen Bahn. Die folgende Entwicklung steht unter Ingres' Ägide.

Renoir hatte die Auflösung der Formen seiner ersten Zeit erreicht und ihr Grau zu einer sprühenden Materie umgewandelt. So hatten es, jeder auf seine Art, alle Impressionisten gemacht. Renoir erkannte die Gefahren dieser notwendigen Entwicklung und

89

ging daran, das Auseinanderfließende wieder zusammenzuziehen und aus seinen massenhaften Fragmenten eine endgültige Form zu bilden, noch fester als die Werke des Debüts, aber infolge der Art der Teile vollkommen harmonisch und frei von allen abkürzenden Härten.

Renoir kam nicht ohne weiteres zu Ingres. Der Ingres der Odalisken und der antikisierenden Motive galt der jungen Generation, die für die Natur schwärmte und Delacroix Altäre errichtete, als der allem Lebendigen feindliche Akademiker, und Renoir war kein Stürmer, der sich gegen jede Meinung seines Kreises wehrte. Er hatte eine ganze Weile gebraucht, bis er von Delaroche, den ihm ein alter Bildhauer, ein wohlmeinender Mentor seiner ersten Jugend, als Vorbild empfohlen hatte, zu Delacroix gelangt war. Und es war unter seinen Kameraden ausgemacht: wer Delacroix schätzte, konnte für Ingres nichts übrighaben. Nur Degas machte eine Ausnahme, und es ist nicht unmöglich, daß die enge Freundschaft, die damals Degas und Renoir verband, bei der Veränderung der Meinung über den Odaliskenmaler ihr Wort mitgesprochen hat. Aber Degas stand schon damals ganz abseits, wehrte sich energisch, zu den Impressionisten gezählt zu werden, deren Name ihm mehr als fatal war, und teilte kaum eine der Anschauungen seiner Freunde. Wie mir Renoir erzählt hat, hängt der Beginn seiner Beziehungen zu Ingres drolligerweise mit Delacroix zusammen. Als er 1875 die „Noce juive“ im Louvre kopierte, hing neben dem Bild das Porträt der Madame Rivière, das meisterlichste unter den Frauenbildnissen Ingres'. Der Delacroix-Schwärmer konnte sich bei aller Begeisterung für den Meister seiner Wahl, dessen Bild er mit aller Liebe zu wiederholen suchte, nicht abhalten, zuweilen nach dem Nachbar zu blicken. Die Komposition gefiel ihm, ihre einfache, ohne weiteres leserliche Struktur und ihr gehaltener Schwung. Sie entfernte sich von der Natur so wenig wie Delacroix oder Courbet und brachte dabei eine Fülle von Arabesken hervor, die dem naiven Blick wohltaten. Es entging ihm nicht das Abgelegene dieser Schönheit. Sie schien den Fragen des Tages entrückt, war nicht so ergreifend, nicht annähernd so reich wie die Geste Delacroix'. Aber er glaubte, auch in dem Schwung Delacroix', allen Behauptungen der Freunde zum Trotz, etwas entfernt Ähnliches zu spüren, freilich nicht mit dieser Gelassenheit, nicht mit dieser abwehrenden Kühle, auch nicht so sichtbar; viel feuriger und versteckter zugleich, umwallt von tausend anderen Elementen. Vielleicht dachte er an den Mentor seiner ersten Jugend, den Delaroche-Schwärmer, der gegen Delacroix und Ingres die gleiche Abneigung gehabt hatte. Er sagte sich, daß die Kameraden die Kluft zwischen den beiden Künstlern überschätzten; denn er fühlte in sich selbst, was beiden gemein war. Er entdeckte bei näherem Studium der Ingresschen Bilder manche Elemente in dem verkannten Akademiker, die seiner eigenen Anschauung verwandt waren, die er selbst tastend gesucht hatte: die rundliche Fülle des Körpers, seine räumliche Ausdehnung, seinen klaren Umriß.

Die Beziehung zu Ingres ist ein neuer Beleg für Renoirs Traditionsgefühl. Aber man wird sich, noch mehr als bei der Betrachtung seines Verhältnisses zu Delacroix hüten müssen, den Einfluß zu überschätzen. Viele andere Momente, vor allem natürliche Neigung, ergänzten die Anregung. Auch die 1881 unternommene Reise nach Italien, hat ihr Teil beigetragen. Wörtliche Hinweise, von der Art derer, die den Einfluß Delacroix' charakterisieren, fehlen, wenn man nicht etwa die Antwort Renoirs dafür nehmen will, die er mir auf meine Frage, ob er sich mit Ingres verwandt fühle, gab: „Je le voudrais bien."

Um das Jahr 1881 entsteht das „Déjeuner des Canotiers", eine Hymne auf das Sommerleben an der Seine*). Junge Leute in lichten Kleidern, die Männer zum Teil in armlosen Trikots, sind unter einem Zelt nach soeben beendetem Mahle beisammen. Es ist ein weiterer Akt aus dem Leben froher Jugend, das Renoir vorher in „Moulin de la Galette" beim Tanze gezeigt hatte. Wieder ein großes Format, aber mit viel weniger Figuren, deren Verhältnis zum Umfang des Bildes groß genug gewählt

---

*) Das Bild hieß auf der Renoir-Ausstellung von 1883 „Diner à Chatou". In Chatou sind damals mehrere Bilder mit Canotiers erstanden. Die Szene ist ein Restaurant am Pont de Chatou, das dem Père Fournaise gehörte. Diesen hat Renoir in dem Bildnis des Mannes mit der Pfeife verewigt, das ebenfalls auf der Ausstellung von 1883 hing und sich jetzt in der Privatsammlung Durand Ruels befindet. Auch die Mère Fournaise hat er damals gemalt. Die Dargestellten sind Freunde des Malers und Modelle. Das Mädchen vorn, das mit dem Hunde spielt, ist die spätere Gattin des Künstlers. Der Herr im Zylinder im Hintergrund ist Renoirs Gönner Ephrussy.

wurde, um eine bis zur Porträtähnlichkeit gehende Detaillierung zu gestatten. Von der Massenschilderung, die sich auf den flüchtigen Eindruck der Bewegung beschränkte, ist nur die ausgleichende Lichtbehandlung übriggeblieben. Man glaubt die Scherze der Pärchen zu hören, fühlt den Niederschlag träger Zerfahrenheit nach den Freuden der Tafel, wenn sich die gemeinsame Stimmung in einzelne Zwiegespräche löst. Diese absichtslos psychologische Momente heiterster Art streifende Schilderung wird mit wenigen scharf beobachteten, ganz intimen, ganz typischen Gesten gegeben. Die Kleine, die sich vorn am Tische mit ihrem Toutou amüsiert und darüber alles andere vergißt, die gedankenlose Betrachtung ihres Gegenübers, die kecke Blague der anderen, der lose Witz, der eins der Dämchen im Hintergrund veranlaßt, sich die Ohren zu verstopfen, alle diese Dinge erzählen Bücher von dem frohen Milieu, in dem noch einmal der Geist Murgers lebendig wird. Aber nirgends tritt eine novellistische Absicht hervor. Alle Einzelheiten erhalten von der gleichmäßigen Behandlung des Pinsels den Anschein des Zufälligen. Beabsichtigt scheint nur ein lichtvolles Abbild gesteigerten Lebens. Im Vordergrund merkt man die vorsichtig tastende Absicht, das Bild mit abwechselnden Höhen und Tiefen, Kontrasten und Diagonalen zu organisieren. Der schräge Tisch und die kraftvollen Umrisse der beiden Canotiers im Vordergrund wirken wie die Hauptäste des Bildes, um die sich lockere Zweige gruppieren. Noch läßt die strotzende Üppigkeit des Stillebens — eine weitere Fortsetzung des Frankfurter „Déjeuner" — kein geschlossenes lineares Gefüge zu. Der Rhythmus wird hier wie in „Moulin de la Galette", und zwar jetzt viel sicherer als früher, von der Farbenverteilung getragen.

Im Winter des Jahres 1881 ging Renoir über Venedig nach Rom und Süditalien. Daran schloß sich im Frühjahr des folgenden Jahres ein Aufenthalt in Algier, der sich bis zum Beginn des Sommers hinzog. Die Bilder, die er in Italien malte, bringen keinen wesentlichen unmittelbaren Beitrag zu der Entwicklung, die uns hier beschäftigt. Venedig, wo er mehrere Landschaften malte, gab ihm nur Farben. In Rom hat er, wie Duret behauptet, gar nicht gemalt. In Neapel entstanden meistens wiederum rein landschaftliche Motive, daneben aber mindestens ein bedeutungsvolles Werk, ein sitzendes nacktes Mädchen in Lebensgröße, die blonde

Le déjeuner des canotiers. 1881.
Sammlung Durand Ruel, Paris.

(1,73 : 1,28)

„Baigneuse", in der das Süße der südlichen Zone, wie es einem nordischen Temperament erscheint, befreit von aller konventionellen Fadheit, verkörpert wird. Das Bild ist, wie wir sehen werden, der Vorgänger einer ganzen Reihe von Werken, in denen sich der Künstler zu immer entschiedeneren Formen entwickelt. Den Zauber dieser „Baigneuse" aber hat er kaum je übertroffen*).

Von Neapel ging Renoir nach Palermo. Dort malte er Wagner. Das Porträt ist etwa eine Fortsetzung der mit den Bildnissen Choquets begonnenen Art, die uns im ersten Augenblick übertrieben weichlich erscheinen mag, bis wir merken, wie gut sie der Art des Dargestellten angepaßt ist. Der Wunsch, Wagner zu malen, war mitbestimmend für die Reise nach dem Süden gewesen. Renoir ist leidenschaftlicher Musikfreund — man braucht es den Kennern seiner Bilder kaum zu sagen — und gehörte mit Fantin-Latour zu den ersten Bewunderern Wagners in Frankreich. Er hat 1879 für den Dr. Blanche eine Dekoration gemalt, deren Motive aus dem „Tannhäuser" genommen waren**), und manches andere Bild jener Zeit könnte als freie, veredelnde Interpretation Wagnerscher Motive gelten. Das Bildnis soll, wie Wagner dem Maler sagte, das einzige nach dem Leben gemalte Porträt sein. Jedenfalls ist es ein merkwürdiges Dokument. Es gibt gewisse Seiten Wagners mit verblüffender, fast erbarmungsloser Psychologie. Es steht dahin, wie weit sie dem Maler bewußt war; jedenfalls beweist das Bild, wie frei sich der Künstler vor dem Gegenstand seiner Verehrung fühlte. Wagner war mit dem Resultat nicht sonderlich zufrieden und meinte, er gleiche auf dem Bilde einem protestantischen Pastor***).

*) Nach Paris zurückgekehrt, gab Renoir das Bild dem Sammler Vever und malte für Durand Ruel eine Replik, die nahezu alle Schönheiten der ersten Fassung besitzt. Das Bild der Sammlung Vever wurde auf der Vente Vever von Durand Ruel erworben und befindet sich heute in seiner Privatsammlung. Die Replik ist heute in der Sammlung P. Gallimard.

**) Es sind zwei Supraporten die für das Haus des Dr. Blanche in Dieppe bestimmt waren. Renoir hat sie zweimal gemalt, da die ersten Exemplare nicht in den Maßen stimmten. Diese befinden sich bei Durand Ruel und sind auf S. 43 und 74 abgebildet. Sie sind in ganz hellen Farben sehr lose skizziert. Die zweiten Exemplare, ebenfalls aus 1879, mehr detailliert und nicht so glücklich, befinden sich in der Sammlung Blanche in Paris.

***) So erzählte mir Cheramy. Außer Renoir war ein deutscher Konkurrent mit derselben Absicht zur Stelle. Wagner bewilligte eine Sitzung von 20 Minuten,

Baigneuse. Ende 1881. (0,65 : 0,81)

Der Aufenthalt in Algier war für Renoir im geringeren Maße
das, was für Delacroix die Orientreise gewesen war. Der reiche
Himmel brachte die Farben zur vollkommenen Reife und verbannte
die letzte Unsicherheit des Koloristen. So könnte man vermuten,
die ganze Reise habe Renoir eher von dem Wege entfernt, den wir
ihn kurz vorher einschlagen zu sehen glaubten. Die Folge beweist
das Gegenteil. Er hat sicher auf der Reise neben allem anderen
auch sein „Museum" bereichert und sich mit Eifer die Vorbilder
Ingres' in Rom angesehen, auch wenn ihm der Augenblick nicht
das Mittel gewährte, die neuen Erfahrungen zu nutzen. Der
Weiterentwicklung des Problems, das wir im Auge haben, ist die
Reisestimmung nicht förderlich. Diese kommt zunächst immer dem
Impressionisten zugute. Und vergessen wir eins nicht, das man
sich nie genug vor Augen führen kann: der Künstler schafft nicht,
um später einem Forscher die systematische Darstellung seines
Werdegangs zu erleichtern. Es ist fraglich, ob sich Renoir je über
den Unterschied zwischen Farbe und Linie klar gewesen ist, den
wir hier, um zur Klarheit zu gelangen, aufstellen, und der vergessen
werden muß, sobald die Absicht erreicht ist.

In mehreren kurz darauf entstandenen Einzelgruppen, die mit
älteren Motiven zusammenhängen, betont Renoir immer mehr die
vereinfachende bildhafte Wirkung. Die drei Panneaus des
Tanzes, eine Illustration des Walzers in verschiedenen städtischen
und ländlichen Kostümen und Formen geben ungefähr in Lebensgröße je ein tanzendes Paar, dessen Silhouette das ganze Bild füllt.
Auf dem Panneau „Danse à la campagne" der Sammlung Decap
ist als Hintergrund das Stück eines menschenvollen Biergartens
mitgegeben, wie zur Erinnerung an die Zeit des „Moulin de la
Galette", von der sich diese Bilder schon so weit entfernen. Das

und Renoir soll tatsächlich nicht länger gebraucht haben. Das kleine Bild befindet
sich im Besitz des Herrn de Bonnières in Paris. Eine Wiederholung machte Renoir,
ebenfalls sehr skizzenhaft, im Jahre 1893 für Cheramy, der sie noch besitzt (auf
S. 155 abgebildet). Eine Zeichnung von der Hand Renoirs, figurierte, wie oben erwähnt, in der „Vie Moderne" Jahrgang 1883, S. 129 mit der Unterschrift: „Portrait
de Wagner, d'après le portrait à l'huile que Renoir fit à Palermo le 15 janvier 1882,
le lendemain du jour où Wagner terminait Parsifal". Die Zeichnung hält sich
nicht ganz an das Gemälde. Ein Abdruck des Klischees der „Vie Moderne"
findet sich in Durets „Peintres Impressionistes" p. 32. Vor kurzem hat Vollard
eine Lithographie Renoirs nach dem Gemälde herausgegeben.

La danse à la campagne. 1883.   (0,98:1,80)
Sammlung Decap, Paris.
Photographie Durand Ruel.

auf dem großen Tanzbilde flüchtig dahinflutende Leben sammelt sich jetzt in mächtigen Einzelgestalten, und man meint schon die Elemente des Stils fassen zu können, der den Tänzern das Statuarische verleiht. Doch konnte das Problem unzweideutig nur mit der klassischen Aufgabe der Malerei entschieden werden: mit der Darstellung des Nackten. Auf diesen würdigsten Gegenstand richtete sich jetzt die ganze Energie des Meisters. Er kam in vielen Einzelfiguren schrittweise dem Ziel näher und erreichte es eigentlich schon in der „Baigneuse" von 1885, die sich wie ihre vier Jahre vorher entstandene blonde Vorgängerin

La danse à la Campagne. 1883. (0,90:1,80)
Sammlung Durand Ruel, Paris.

im Besitz von Durand Ruel befindet. Wieder eine sitzende nackte
Gestalt, wieder in lichten Tönen. Aber während wir dem stillen
Zauber des am Strande Italiens ruhenden Mädchens um so leichter
verfielen, je weniger er von uns beanspruchte, fühlen wir hier den
Trieb, uns ernster zu fesseln. Man träumt nicht mehr von dem
süßen Sensualismus eines glücklichen Himmelsstrichs. Stärkere
Empfindungen fassen uns an und zwingen uns gebieterisch, Stellung
zu nehmen. Diesmal kehrt die Gestalt dem Betrachter den Rücken
zu und greift mit beiden Händen nach hinten in das schwere
kastanienbraune Haar, auf dem blaue Reflexe liegen. Eine Wallung
der Düne verbirgt die Füße. Kniee und Schenkel sind in ein dickes

La danse à la ville. 1883. (0,90:1,80)
Sammlung Durand Ruel, Paris.

Badetuch geschlungen. Aus dieser weichen, weißen Masse wächst
der gewaltige Umriß des Körpers. Eine einzige Linie scheidet im
Halbkreis Schenkel und Tuch und steigt über die sanfte Wölbung
des Bauches zur vollen Brust. Hier steht das Fleisch unmittelbar
vor dem Horizont. Die Linie läuft von der Brust in die Armkugel
hinein und dann fast wagerecht weit hinaus in den spitzen Winkel
des Ellbogens. Wie eine Plastik steht der Körper vor dem
Himmel. Das Auge glaubt ihn umkreisen zu können. In Marmor
übertragen, würde man eine Schönheit genießen, die unsere zeitgenössischen Bildhauer bisher versagen. Erst Maillol hat begonnen,
sich von der Geschlossenheit solcher Formen Rechenschaft zu geben,

aber seiner rationellen Gestaltung fehlt etwas von der ungebrochenen Natürlichkeit des Malers. Übrigens ist Renoir selbst eines Tages der Versuchung unterlegen und hat zum Meißel gegriffen. Leider geschah es in sehr später Zeit — es ist erst wenige Jahre her — als die schreckliche Gicht bereits die Hände erfaßt hatte. Immerhin besitzen wir einen kleinen Knabenkopf, den er nach seinem jüngsten Sohne in Ton modellierte und dann als Medaillon am Kamin des Eßzimmers seiner neuen Villa in Cagnes in Stein wiederholen ließ*). Es fällt nicht schwer, von diesem bescheidenen Zeugnis eines die Gesetze der Plastik instinktiv erfassenden Bildners auf Möglichkeiten zu schließen, die vielleicht nur der äußeren Umstände bedurften, um zu Realitäten zu werden. Aber wir wären undankbar, wollten wir diesen Möglichkeiten mit Bedauern nachsinnen. Wichtig ist, zu erkennen, wie weit der Maler seine Grenzen zog, und daß er der Tätigkeit auf anderem Felde nicht bedurfte, um sie zu erweisen; noch wichtiger, daß er mit diesen Fähigkeiten in den Grenzen des Malers blieb. Die „Baigneuse" hätte in Stein eine herrliche Venus gegeben. Freuen wir uns, daß sie in Malerei mit solcher Macht erstand. Diese Venus Anadyomene entlehnt ihre Reize keiner antiken Skulptur. Sie erweist ihre Herkunft glaubhafter für unsere Begriffe. Sie ist wirklich die Schaumgeborene. Renoir läßt ihr lichtes Email aus dem Farbenzauber der Umgebung hervorgehen und vermeidet so die unbewegliche Isoliertheit gemalter Plastik. Was uns Zeichnung scheint, ist konzentrierte Materie des Malers. Lichte, organisch aus den verwendeten Farben gewonnene Abtönungen geben die Modellierung. Das Haar, die einzige dunkle Stelle, ist nur an einer einzigen Stelle oberhalb der Stirn gegen die Luft gestellt, sonst überall von dem prangenden Fleisch umgeben. Was die Linie schließt, öffnet die Farbe.

Die Beteiligung Ingres' an dieser Schöpfung und an ähnlichen erscheint gering. Es ist nicht leicht, zwischen der von Leben strahlenden Frau dieses die Natur bändigenden Naturalisten und der zierlichen Odaliske des Klassizisten eine Verwandtschaft zu entdecken. Man mag Ingres noch so hoch stellen und bei der Beurteilung seiner Kompositionen alles mitsprechen lassen, was er uns mit seinen Bildnissen schenkte, nie wird man sich ganz von

---

*) Abgebildet auf S. 134. Die Wiederholung in Stein machte ein Handwerker. Die Photographie wurde nach einem Gipsabguß des Tonmodells genommen.

Baigneuse. 1885.   (0,73 : 0,92)
Sammlung Durand Ruel, Paris.

der Last seiner Umwege befreien, nie vergessen, wieviel Künstliches in seiner Art steckte, wie dünn schließlich die Natur unter dem Druck seiner Kunst wurde. Nie werden bei dem Anblick der „Baigneuse" ähnliche Schranken fühlbar. Die Form scheint nur die Natur zu vergrößern. Der Begriff dieses Stils formt sich erst nachträglich in unserem Bewußtsein, weil wir seine Wirkung erkennen. Und welchen Namen außer dem des Künstlers könnten wir ihm geben? — Sicher sah Renoir in dem Meister des „Bain Turc" mehr ein wertvolles Prinzip als ein für ihn wesentliches Vorbild. Geht es uns, die, getrieben von der verheerenden Macht entgegengesetzter Prinzipien, Ingres (vielleicht nicht unbewußt) überschätzen, die sich in der immer drohenderen Anarchie nach konservativen Elementen sehnen, nicht ähnlich?

Doch besteht zwischen den beiden Künstlern eine, wenn auch nur sehr zarte Beziehung. Sie wird viel deutlicher, sobald wir von dem sitzenden Typus der Baigneuses absehen und die weniger straffen, nicht weniger reizvollen Motive mit liegenden Frauen heranziehen, von denen Renoir, meistens in kleinem Format, unzählige gemalt hat. Ihrer Zartheit waren die Arabesken Ingres' leichter zugänglich. Man muß an Corots Anteil denken, um unter der Üppigkeit der Renoirschen Schönen die Linien Ingres' zu entdecken. Renoir vollendete die von Corot begonnene Belebung der Odaliske. Er rückte den gebenedeiten Leib, den Corot im Dämmerlicht gesehen hatte, in helle Sonne und malte ihn mit ungebrochenen Farben. Doch behielt der in vollem Lichte ausgestellte Körper eine seltene Gabe: die Grazie, die besser als Schatten und Gewänder verhüllt. Eine Grazie eigener Gesittung, die wiederum den Unterschied gegen Ingres sehen läßt und zu der Verwandtschaft mit Corot beiträgt. Ihre Art ist den Odalisken fremd, so graziös sie auch ihre schmiegsamen Glieder bewegen. Aber Corots Mädchen, die noch nicht zu den Nymphen seiner Landschaften geworden sind, die noch, sich selbst überlassen, träumen, haben etwas davon. Es ist die Grazie der Natur, die keines Bewußtseins bedarf, die sich aus angeborenem Instinkt zwecklos entfaltet, die man nicht als Form, sondern als Empfindung erkennt. Dafür besaß Renoir ein Darstellungsmittel, das man nur mit einem Paradox bezeichnen kann, seine Ungeschicklichkeit; ein Paradox, an das uns die Natur mit vielen reizenden Beispielen

Zeichnung zu den „Baigneuses". Gegen 1885.   (0,94 : 0,75)
Sammlung Prince Wagram, Paris.
Photographie Druet.

gewöhnt hat. Linkisch, wie die rundlichen Körper ihre Glieder
regen, ist der Strich des Malers, der sie festhält. Es ist das
Linkische des Autodidakten, kann man einwenden, das einem Ingres
fehlt und fehlen mußte; es ist die geborene Form für einen Maler,
wird man zugeben, der zögernd, spielend, tastend zu seiner Art
von Vollendung gelangt; einer Vollendung, die selbst auf ihrem
höchsten Punkte noch lose Empfindung bleibt. Mehr als alles
andere bewahrt dieses Linkische des Malers die Gestalten vor jeder
allzu engen Berührung mit der Plastik. Wieder mag man sich
wie bei Cézanne fragen, ob dieses Ungeschick nicht große Geschicklichkeit genannt werden müßte.

Erst ein kluger Meister der folgenden Generation sollte die
Rundung im Sinne Ingres' vollenden. Aber was wäre Maurice
Denis, wenn man in der Linienreinheit seiner spiritualisierten Wesen
nicht einen letzten Rest der drolligen Ungelenkigkeit Renoirs entdeckte. Daß uns Bonnard näher steht, verdankt er vielleicht nur
seiner tieferen Verwandtschaft mit der Natürlichkeit Renoirs.

Zeichnung zu den „Baigneuses". 1885.
Sammlung Vollard, Paris.

In der großen Badeszene von 1885 der Sammlung Blanche,
stellte Renoir die gewonnenen Typen seiner Baigneuses zum ersten
Male zu einem figurenreichen Gemälde zusammen*). Der Winkel
eines Waldsees mit fünf Mädchen am Ufer und im Wasser. Zwei

---

*) Die flüchtige Wiederholung des Bildes, die sich bei Vollard befindet,
malte Renoir gegen 1902. Es ist die Ergänzung eines aufgegebenen alten Ent-
wurfs, auf dem sich ursprünglich nur die beiden Mädchen zur Linken befanden,
und zwar die eine von ihnen, die Hauptgestalt des zweiten Plans, in wesentlich
geänderter Stellung. Renoir fügte den rechten Teil hinzu und übermalte das
Ganze in wenigen Stunden, lediglich darauf bedacht, die Gestalten in Atmosphäre
zu hüllen, ohne Rücksicht auf die eigentlichen Vorzüge des Hauptwerks. Die
Wiederholung ist mehr ein interessanter Beleg für die Modifikation der Anschauung Renoirs in dem letzten Jahrzehnt als eine Ergänzung des Werkes.
(Siehe die Abbildung unter den Werken des vierten Kapitels.)

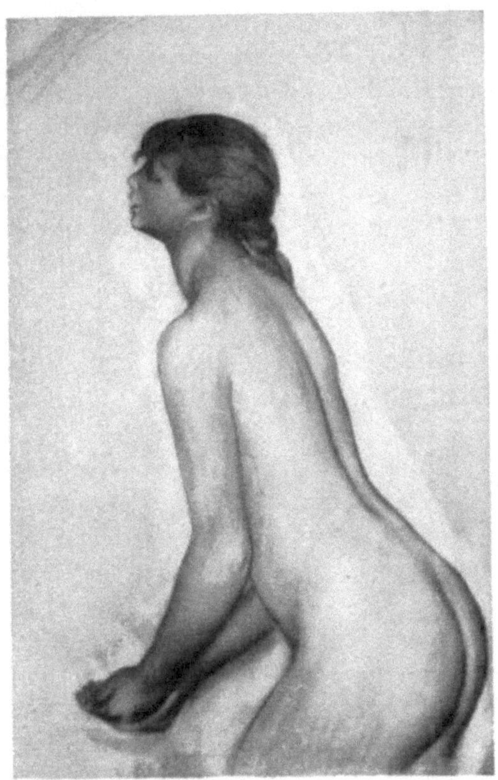

Zeichnung zu den „Baigneuses". 1885.
Sammlung Vollard, Paris.

liegen und sitzen auf ihren Badetüchern, eine dritte steht im Wasser
und droht, die eine, die schon trocken ist und abwehrend Hand
und Beine hochstreckt, zu bespritzen; im Hintergrund, im Wasser
noch zwei andere Mädchen, das eine von ihnen mit der bekannten
Pose, die Hände im Haar.

Das Bild spielt im Werke des Meisters eine bedeutsame Rolle.
Er hat sich lange damit beschäftigt, hat viele Zeichnungen dafür
gemacht und ist später wiederholt auf das Motiv zurückgekommen.
Es stellt eine der Höhen Renoirs dar, nicht die einzige, auch nicht
die höchste, sowie die Entwicklung, die es krönt, keineswegs die
einzige dieses reichen Daseins ist. Es ist ein Sammelpunkt, der
Forscher verdankt ihm die wertvollsten Aufschlüsse. Man kann
von hier aus zurück und vorwärts am besten das ganze Werk

überblicken und — soviel mögen mir die zahlreichen Freunde
Renoirs, die mit diesem Bilde nicht einverstanden sind, zugeben —
es ist seiner ganzen Art nach einzig; es gibt keine zweite Manifestation der französischen Kunst des neunzehnten Jahrhunderts,
aus der man so weitgreifende Hinweise ähnlicher Art gewinnen
könnte.

Von den fünf Mädchen des Bildes sind nur die drei im Vordergrund entscheidend; die beiden anderen, von denen man nur Teile
sieht, gehören zur Bewegung des Wassers und wurden, wie die
Zeichnungen beweisen, von dem Landschafter hinzugefügt. So
wird also die Verminderung der figürlichen Teilnehmer fortgesetzt,
die wir schon in der Etappe zwischen den beiden vorhergehenden
Hauptwerken, von dem „Moulin de la Galette“ zu dem „Déjeuner
des Canotiers“, bemerkten. Die Masse, die der Impressionist zur
Belebung des Bildes brauchte, verschwindet zugunsten des Typus.
Mit dem Typus bereichert sich das lineare Element. Die Komposition im Sinne der Alten tritt in keinem anderen Bilde stärker
hervor. Und in keinem anderen tritt der Impressionismus weiter
zurück. Die Körper sind nicht aus jener losen Fleckenkunst
gewonnen, die dem Auge überläßt, die Form zu bilden. Hart
und fest wie kalligraphische Zeichen stehen sie vor uns, aus einer
dichten Materie gebildet, deren Einzelheit man für ein aus ge-
schmolzenen Perlmutter gewonnenes Email nehmen könnte. Man
kann sich nichts dem Geiste der Manet, Cézanne und Monet
Fremderes denken als diese Körper.

Aber wenn das aktuelle Mittel dem Anschein nach verschwindet, die Geistesart des Schöpfers dieses Bildes wird uns dadurch nicht entfremdet. Wir fühlen Renoir ebenso greifbar, wie wir
diese Körper sehen; nur schärfer umrissen, endgültiger als vorher.
Die neue Art entsteht aus der früheren, aber wächst über vieles
vorher Geschaffene hinaus, und wir genießen die Unabhängigkeit
von der Aktualität wie die stolze, allem Kleinlichen entrückte
Geste eines Denkmals.

Man muß weit zurückgehen, um die Quellen des Werkes zu
finden. Die unmittelbaren Anreger des Künstlers bleiben außerhalb
der eigentlichen Szene, auch Ingres, an den man am ersten denken
könnte. Ingres wäre über die Zumutung, vier strampelnde Beine auf
einem Fleck zu zeigen, außer sich geraten. Von den zwanzig oder

Zeichnung zu den „Baigneuses“. 1885.   (Annähernd Größe des Bildes.)
Früher Sammlung J. und G. Bernheim, Paris.
Photographie Druet.

dreißig Weibern im „Bain turc“ sieht man kaum vier Füße. In dem
Bruch mit dieser traditionellen Behutsamkeit, die alles versteckt, was
der getragenen Pose gefährlich werden könnte, zeigt sich ein neuer
Geist. Renoirs Form ist aus einem unvergleichlich größeren Roh-
material gewonnen, schon aus diesem Grunde reicher an Variationen.
Wohl kommt etwas von dem Frauenhaften des „Bain turc“ in den
„Baigneuses“ wieder, aber was außerdem in dem Renoir steckt,
findet sich nicht in dem „Bain turc“. Wie Puppen, die gewisse Seiten
von Frauen wunderbar vorspiegeln, sitzen die nackten Sklavinnen
Ingres’ in dem engen Raum. Ihre Existenz ist beschränkt wie das
Dasein der Frauen im Harem, und sie gleichen seltenen, im Treib-
haus gezogenen, Blumen. Renoirs Mädchen sind im Freien, und
man spürt sie als freie Wesen. Die Natur ist ihr Harem. Auch
jetzt noch in der Strenge der Form scheint ihrem Wesen keine
Schranke gezogen, und nur ihre strahlende Gesundheit wird zum
Stil. Nie dringt Ingres’ Erscheinung so tief, nie sichert er so
mächtig die Tiefe, wie es hier mit der Gestalt des zweiten Plans
geschieht, die wie eine vielarmige Klammer den Raum nach allen

Seiten umfaßt. Und so scheint das ganze, mächtig in uns eindringende Bild einen größeren Komplex von Zeit und Kultur zu umfassen. Der Gedanke dringt weit über Ingres hinaus und spürt in dem vorhergehenden Jahrhundert ähnlichen Formen nach. Ich habe bei einer anderen Gelegenheit die „Baigneuses" und Fragonards Bild gleichen Titels im Louvre verglichen und kam zu keinem Resultat. Wir wissen, wieviel in Renoir vom Dixhuitième steckt. Alles, was man an ihm dekorativ nennen könnte, hängt damit zusammen. Die Panneaux für Blanche, die wertvollere Dekoration für Charpentier, von der hier ein Stück abgebildet ist, alles Sachen, die kurz vor den „Baigneuses" entstanden, gehören dahin. Es sind leichte, duftige Improvisationen, die den Salon einer Du Barry schmücken könnten. Nichts findet sich davon in dem Bilde. Herr Blanche, der Besitzer, brachte mich auf eine Spur. Seinem Winke folgend, fand ich im Park von Versailles, in den Blei-Reliefs, die das schöne Bassin der Allée des Marmousets schmücken, das Vorbild des Werkes. Die Reliefs sind von dem 1715 gestorbenen Girardon, dem die Gärten von Versailles so viel Schönes verdanken, und stellen das Bad der Diana dar. Nackte Frauen spielen im Wasser; einige liegen am Ufer. Unter ihnen findet man eine in der Haltung der Hauptgestalt unseres Bildes ähnliche Gestalt. Auch die kleinere, die im Wasser steht und mit den Händen zu spritzen droht, kommt wieder, und das ganze Motiv ist ähnlich. Renoir hat es gezeichnet. Ich habe die Zeichnung bisher nicht finden können. Blanche hat sie gesehen, sie war im Besitz des Sammlers und Malers Maitre, des Freundes Renoirs. In einem der ersten Entwürfe, auf dem die Komposition noch aus sieben Gestalten bestand (Sammlungen Vollard und Prince Wagram), ist die Beziehung noch deutlicher.

Es ist im wesentlichen eine gegenständliche Beziehung, weniger greifbar als die von Pauli nachgewiesene merkwürdige Beziehung des „Déjeuner sur l'herbe" von Manet zu dem Stich von Marc Anton. Die Formen haben wenig gemein. Man spürt in dem Renoirschen Gemälde das Relief. Aber der Ausdruck geht weit über das schäkernde Spiel der zierlichen Figuren Girardons, die wie plätschernde Wellen die Fläche malerisch bewegen, hinaus. In dem Renoir treffen sich ältere, stärker wogende Rhythmen der französischen Kunst. Man denkt an herbere Darstellungen der Frau, an eine

Les baigneuses. 1885.
Sammlung J. E. Blanche, Paris.

(1,70 : 1,15)

stolzere Plastik, an eine Diane de Poitiers, an die schlanken Linien
einer stolzeren Malerei, an jenes lichte, jugendfrische Bild eines
Unbekannten des siebzehnten Jahrhunderts, das als seltenes Kleinod
einer verschollenen Schule den Louvre ziert: die jagende Diana.
Es gibt Bilder, die wie Wecker wirken, die mit ihrer Kraft ganze
Reihen vergessener Beziehungen aufdecken. Es ist, als trete ein
junger Fürst in den lange verlassenen Saal der Ahnen und nähme
mit seiner frohen Stimme allein den Staub von den Wänden.
Der Wald von Fontainebleau, in dem der junge Renoir die „Lise“
malte, lichtet sich und läßt das zinnenreiche Schloß des pracht-
liebenden Franz I. erkennen, der aus Italien die Künstler zu sich
rief. Wir erblicken hinter Primaticcio, dem Führer der alten Schule
von Fontainebleau, die großen Meister des Schwesterlandes. Sie
scheinen in neuem Gewande aufzustehen, von einem Hauch jener
Frische belebt, die das Werk des Enkels bewegt. Alles Große
der lateinischen Kunst, das sich mit lichter Freude am Dasein
vereint — und was ließe sich in jener frohen Kunst nicht mit ihr
vereinen! — scheint lebendig zu werden.

In den „Baigneuses“ drängt der Schwung der Renaissance
die spielerischen Reize späterer Zeiten in den Hintergrund. Er
unterdrückt sie nicht, wir fühlen sie in der Landschaft, die dem
Bilde die wallende Harmonie, den Gestalten die unentbehrliche
Luft zum Atmen gibt. Aber er ist die Dominante des Bildes.
Alles Dekorative, das so viele Bilder der Zeit ziert, tritt zurück,
und wir genießen eine seltene Gabe der modernen Malerei, die
uns mit den Eigenheiten der zeitgenössischen Kunst nur schwer
vereinbar erscheint: das Monumentale.

Täuschen wir uns nicht über den Begriff der modernen Kunst.
Der Impressionismus hat nicht alle künstlerischen Absichten
unserer Zeit absorbiert. Als Renoir dieses Bild malte, hatte Puvis
de Chavannes bereits seinen Ruf als Monumentalmaler begründet.
In England saßen die Präraffaeliten in ihrer sicheren Festung.
Deutschland hatte seinen Böcklin. In Skandinavien regten sich
andere Stilisten. Und bald begann in allen Ländern die Reaktion
auf den Impressionismus. In Frankreich versuchten Künstler, die
aus dem Impressionismus hervorgegangen waren, wie Seurat,
Gauguin und van Gogh, gewisse Besitztümer ihrer Lehrer zu
erhalten und in neuen Schulen fortzupflanzen. Die Stilbewegung

in anderen Ländern, zumal in den germanischen, verzichtete darauf
und griff, wie in England der Präraffaelitismus, ohne genügende
natürliche Vermittlung auf alte Stilelemente zurück.

Der Zeit nach gehören alle diese Erscheinungen zur modernen
Kunst, dem Geiste nach nur sehr wenige. Den meisten ist die
große Leistung der Generation Manets eine auf sich selbst beschränkte Erscheinung, gut für den Amateur. Sie erblicken nicht
in ihr eine organisch entwickelte Form nicht nur der Malerei,
sondern des Geistes unserer Zeit, so sicher zeugend für unsere
Epoche wie die Romane Flauberts und Dostojewskis, so voll von
Neuheit wie die Malerei Venedigs im sechzehnten, die der Hol-
länder im siebzehnten Jahrhundert und so wenig in der Zirku-
lation der Kunst zu entbehren, wie jene Eroberungen vergangener
Epochen. Die Sehnsucht nach einfachen Formen, die Abneigung
gegen die analytischen Absichten des Impressionismus ist eine
natürliche Folge, aber der Widerstand muß sich als positive
Leistung erweisen, soll er nicht zur belanglosen Reaktion führen.
Die nach geschlossenen Linien und Farben sehnsüchtigen Stilisten
vergessen zuweilen, daß man erst etwas haben muß, das sich
lohnt, abgeschlossen zu werden, bevor man das Gehäuse für solche
Zwecke errichtet. Sie sind Fassadenarchitekten, die nicht an die
innere Einrichtung des Hauses denken, und begnügen sich mit hohlen
Formen. Es ist fraglich, ob unsere zerrissene Zeit noch einen
mit den Künsten in unmittelbarer Verbindung stehenden Stil her-
vorzubringen vermag. Es fehlen ihr dafür nahezu alle sozialen
Bedingungen. Aber so viel steht fest, daß kein Archaismus, und
sei er auch noch so versteckt, dahin gelangen wird. Alle solchen
einseitigen Stilversuche scheinen im Gegenteil nur geeignet, die
Fiktion des Daseinszwecks der Kunst in unserer Zeit noch mehr
zu durchlöchern. Sie entwürdigen ein hohes Symbol der Gesittung
zu einem Gegenstand der Spielerei. Nur eine ohne Knebelung
der Empfindung, aus der spezifischen Formenwelt unserer Zeit
gewonnene Sprache hätte Aussicht, zu dem allgemein angenommenen
Begriff zu werden, den wir Stil einer Epoche nennen. Sie wird
nur dann künstlerischen Wert besitzen, wenn sie sich an den er-
gänzenden Formen der Vergangenheit sättigt und mit der Überlieferung durchtränkt. Steht das Alte im Vordergrund, ist es nicht
so aufgegangen in der neuen Form wie das Alte, das wir in dem

Bilde Renoirs erkennen, in seiner neuen, ihm eigenen Anschauung, so bleibt das Resultat wertlos, ebenso wertlos wie die Versuche der jüngsten Franzosen, die es umgekehrt machen und mit neuen, außerhalb aller Tradition liegenden Formen zu einem Stil gelangen zu können glauben.

Deshalb wird man mein Interesse an dieser Periode des Meisters verzeihlich finden. Weniger als Bild unter den vielen Meisterbildern Renoirs scheinen die „Baigneuses" (und die damit zusammenhängenden Bilder) bedeutend — darüber mag man streiten — vielmehr als einer der unendlich seltenen Hinweise unserer Zeit auf die Möglichkeit einer einfachen, ohne Kompromisse, ohne wesentliche Verzichte gewonnenen monumentalen Form. Ich sage Hinweis und meine nicht, hier sei das Ziel schon erreicht. Es kann mit dem Willen des Künstlers allein bekanntlich nicht erreicht werden. Noch haben wir ein Staffeleibild vor uns. Aber es geht uns hier wie vor manchen Werken von Marées, von denen man glauben möchte, daß sie lediglich durch eine mechanische Vergrößerung zum Denkmal verwandelt werden könnten. Was daran fehlt, ist nur noch unser Unvermögen, würdiger Denkmäler unserer Art zu bedürfen.

Und daran mußte, wie es sich nahezu von selbst versteht, diese Periode des Meisters versiegen. Es fand sich kein Staat, um diesem Künstler ein Denkmal zu übertragen. Der bis zur Selbstopferung gesteigerte Altruismus eines isolierten Deutschen, der zwei Jahre darauf in Rom unbekannt und verlacht aus dem Leben ging, war dem Franzosen nicht gegeben, konnte ihm nicht gegeben sein. Er blieb in seinem Land, umgeben von Kunst und von Künstlern. Die Gründe fehlten, die einen Marées getrieben hatten, das seine zu verlassen und sich aus einem Atelier eine bessere Heimat zu zimmern.

Renoir ging auf diesem Wege nicht weiter, aber er versuchte, die erlangten Vorteile auf andere Gebiete seines Schaffens zu übertragen. Viele Bilder jener Zeit werden mehr oder weniger von der Strenge der „Baigneuses" getroffen. Die Form, die sich vorher immer weiter auszudehnen schien, um die Farben aufzunehmen, zieht sich zusammen und sucht dabei die Farbigkeit noch zu erhöhen. Ein die Farbe und die Linie bestimmendes Schema gibt den freiesten Erscheinungen eine vorher nicht erreichte Prägnanz.

Doch wird das Schöpferische in nichts gehindert. Der Aufschwung
der Renoirschen Produktion um die Mitte der achtziger Jahre läßt
die reiche Ernte um die Mitte der siebziger Jahre weit hinter sich.
Der Reichtum der Arten wiederholt sich auf einem weit höheren
Niveau. In den Werken wirkt eine geeintere, mächtigere Anschauung, und sie verdoppelt gleichsam die Vielheit der Motive.

Neben den „Baigneuses" steht das bedeutendste Gruppenbildnis Renoirs. Es ist das große Gemälde der Berliner Nationalgalerie, das Interieur mit den drei Kindern „L'aprèsmidi des
enfants à Wargemont". Renoir malte es schon im Sommer
1884 in dem kleinen Orte Wargemont an der Küste bei Dieppe,
auf der Besitzung eines reichen Mannes, namens Bérard, für den
er damals mehrere Bilder geschaffen hat. Die Dargestellten sind
die Töchter des Herrn Bérard. Renoir hat sie vorher wiederholt
in Einzelbildnissen gemalt. Sie sind in einem Raum, den nur die
moderne Kunst darstellen konnte. Früher hat es solche Zimmer
in der Malerei nicht gegeben, und man ist vor dem Bilde versucht, sich zu fragen, ob es solche Zimmer je vorher in der
Wirklichkeit gab. Es ist ein Sommerhaus draußen auf dem Lande,
dessen Wände der Sonne, der Freude nicht den Einlaß ver-
wehren. Ein Sitz der Sonne. Das Licht flutet hindurch. Ein Licht,
das nicht blendet, nicht erhitzt, nicht erschlafft, das den Schatten
entbehrlich macht. Eine Lichtatmosphäre, die diesen Menschen,
diesen Dingen natürlich ist, da sie mit ihnen entstand. Eigentlich
ist der Raum ebensogut Sitz eines Märchens. Farben leben darin.
Sie brauchten nichts Gegenständliches zu geben, so reich ist ihr
Dasein an sich. Die Rosa, die lichten Grün, das Blau und Rot
und vor allem das Orange scheinen die Personen des Märchens.
Sie spielen miteinander. Die blauen und grünen Töne vereinigen
sich in dem weißgeränderten Sofa. Stellenweise liegt das Grün
als Hauch auf dem Blau; an den hellsten Stellen scheint das Ge-
menge ganz vom Licht absorbiert. Noch heller steht dahinter die
holzgetäfelte Wand, in der das Blau fast zu Weiß verdunstet. Auf
dem Sofa aber sitzt das reizendste Mädel, das Renoir je gemalt
hat und ist mit tiefem Ernst ganz bei der Lektüre des rotgetupften
Bilderbuchs. (Welcher Genremaler hat dergleichen je so charak-
teristisch geschildert!) Etwas von dem Duft der Tänzerin des
Jahres 1874 umgibt die Kleine, aber berührt kaum ihr eigentliches

Wesen. Dies ist greifbar da, mit allen Details, sachlich, leibhaftig. Über den schlanken Beinchen (in glatten Strümpfen von dumpfem Dunkelblau) sitzt das kokette Röckchen, blau und weiß kariert; darüber prall das Trikot im Blau der Strümpfe, und darauf das Köpfchen im goldigsten Duft des Orange. Dieselben Farben kommen immer wieder, in starken und in feinsten Kontrasten. Sähe man sie außerhalb des Bildes nebeneinander, so würde man es für unmöglich halten, aus dieser krassen Buntheit, fast ohne Mischung, ein Zimmer mit Menschen zu schaffen, von so subtilen Eigenschaften, wie sie das lesende Mädchen zeigt. Der Verteilung gelingt alles. Sie läßt die aus Orange und Rot gewonnene Farbe des Haares des ältesten Backfisches in dem spiegelnden Parkett wiederkommen, wiederholt das Orange, zu Rot und Grün gestellt, in den Gardinen und, dunkler durchwirkt, in der Tischdecke. Und, wohl verstanden, alles das mit einer äußerst beschränkten Anzahl von Tönen, mit einer derben pastosen Materie. Mit Abtönungen ist alles erreichbar. Nie aber wäre mit ihnen der starke Klang des Bildes gelungen. Renoir beschränkt die Töne innerhalb derselben Farbe auf ein Minimum. Nur das Blau ist reich degradiert. Es geht vom tiefsten Ton in dem Blumentopf mit den grünroten Blumen zu der lichten Wand, aber ist fast identisch als farbiges Stilmittel wiederholt in allen Augen der Gesichter, hier von einem reinen Ultramarin, das wie frisch gebrochener Stein wirkt. Die Orange, Rosa und Rot werden im wesentlichen nur durch die Mengen und die Kontraste modifiziert und haben wenig Töne. Das Orange verschärft sich nur in dem gelben Stuhl, behält sonst ungefähr denselben Tonwert. Auch das Grün bewegt sich im Zimmer auf annähernd gleicher Höhe. Jenseits des Fensters aber zaubert der Impressionist daraus einen Reichtum lichter Töne, die, ohne bestimmte Dinge zu umkleiden, die Vorstellung lachender Natur erwecken.

In den Figuren, abgesehen etwa von dem Mädchen auf dem Sofa, das sich um eine merkbare Nuance von den anderen unterscheidet, ist von einem auflösenden Impressionismus nichts zu spüren. In ihnen kommt wieder der Maler der „Baigneuses" zum Wort, und es ist merkwürdig, wie er neben dem Koloristen, ja, mit Hilfe des Koloristen, Geltung gewinnt. Die festen runden Gestalten der Gruppe wurden ganz synthetisch geschaffen. Die

L'après-midi des enfants à Wargemont.   (Die Kinder Bérard.)   1884.   (1,70 : 1,30)
Nationalgalerie, Berlin.

Gesichter sind bei aller Wahrscheinlichkeit des Bildnishaften zu Typen geworden*). Die Vereinfachung bringt sie der in ganz gleichen Farben gemalten Puppe nahe, die dem ältesten Mädchen auf dem Schoß sitzt. Diese Puppe ist gewissermaßen der Anfang einer stufenweisen Steigerung des physiognomischen Ausdrucks. Das Wagnis, Menschen nach dem Schema eines Spielzeugs zu bilden, war außerordentlich im Jahre 1884 und mag noch heute, trotz der hundert Stilisierungen unserer Zeit, auf überzeugungstreue Naturalisten wie ein Hohn auf die ahnenreiche Menschheit wirken. Dem Kunstfreunde ist die damit erlangte Festigkeit des Figürlichen unentbehrlich. Dadurch erhält die logische, aber in ihrer kühnen Konsequenz über alle Tradition weit hinausgehende Harmonie der Farben Maß und Ziel. Man weiß nicht, wie es zugeht, daß sich die in diesem Bilde mit solcher Entschiedenheit entwickelten Elemente der Farbe und der Linie das Gleichgewicht halten. Vielleicht wäre das gleiche Resultat bei einer Darstellung des Nackten nicht zu erreichen gewesen. Das Problem in den „Baigneuses" war einfacher. Die Kostüme und die Einzelheiten des Interieurs sind unübersehbare Hilfen, aber waren auch ebensoviel Klippen. Es gehörte ein Renoir dazu, um mit allen Gegebenheiten zu dem äußersten Grade von Realisierung zu gelangen und ein Werk zu schaffen, das wie die „Baigneuses" aller Vorteile strenger Stilisierung teilhaftig ist, ohne daß wir ein übernommenes Stilelement nachzuweisen vermöchten. Damit mag der merkwürdige Gefühlsinhalt des Werkes zusammenhängen, der Eindruck eines Bildnisses, das mit seiner ganzen Sachlichkeit in die Gefilde des Märchens übergeht.

---

*) Bei der Ausbildung des Typischen kam Renoir die Vertrautheit mit den Dargestellten zu statten, die er vorher einzeln gemalt hatte. In den Einzelbildnissen hatte er mit größter Gewissenhaftigkeit alle Züge der Gesichter studiert und nach einem linearen Ausdruck gesucht. Die merkwürdigste dieser Vorstudien, die so wenig von den gewohnten Studien des Malers haben, ist das Mädchen im Besitz des Sammlers Gangnat, der es auf der Vente Bérard erwarb. Es ist dasselbe Mädchen, das in dem Berliner Gemälde auf dem Sopha sitzt. Alle Details sind mit der Genauigkeit eines Prärafaeliten gezeichnet. Jede Improvisation ist peinlich vermieden, die Tusche verschwindet nahezu, die Fläche ist glatt wie auf einem Ingres. Man könnte an eine vergrößerte Miniatur auf Elfenbein denken und ist stets aufs neue erstaunt, wenn man dieses Bild mit dem bei aller Derbheit weichen, luftigen Berliner Gemälde vergleicht.

Der Umfang der Wirkung erhebt das Bild über alle vorhergehenden Gruppenbildnisse. Man mag manche Eigenschaften der „Familie Charpentier" vermissen, das Virtuosentum von altmeisterlichen Gnaden, das alles, was Pinsel und Farbe an schmeichlerischen Reizen vermögen, zum Lobe der objektiven Eleganz des Gegenstandes aufbot. Man wird nicht die Eleganz der „Loge" finden, den Pomp des Bildnisses der schwarzen Dame, die pikante Allüre der „Lise". Aber alle diese Eigenschaften, mit denen sich wohl ein Stück Renoirs verband, erscheinen bruchstückhaft neben dem neuen Begriff der Schönheit, den wir in den „Kindern Bérard" erkennen. Dieser Begriff ist weiter. Er besteht nicht aus einer an eine bestimmte Art von Menschen gebundenen Eleganz, aus einem spezifischen Pomp, aus einer bestimmten pikanten Allüre, aber besitzt alle diese Eigenschaften und noch mehr dazu. Und er besitzt sie in einer weniger abhängigen, mehr produktiven Form. Er nötigt uns, sie als solche zu erkennen, ohne uns unmittelbar an irgendein aktuelles Muster zu erinnern. Die Eleganz, der Pomp, die Pikanterie der „Kinder Bérard" sind zeitloser und gegenstandloser. Sie behaupten sich z. B. trotz den nahezu ungraziösen, jedenfalls nichts weniger als eleganten Gestalten der beiden Mädchen am Tisch und teilen sich dem Raum mit, obwohl sie keineswegs das anspruchslose Zimmer eines Landhauses verhüllen. Sie sind Eigenschaften der Anschauung geworden. Wir erkennen in ihnen das Erfinderische, dessen Art wir schon bei dem Vergleich des Bildnisses der kleinen Durand Ruel mit der Miß Alexander Whistlers fanden. Die Art hat jetzt einen so hohen Grad gewonnen, daß uns der Reichtum mancher früheren Bilder aus fast denselben Gründen überwunden erscheint, die wir gegen Whistler fanden. So läßt uns der neue Renoir z. B. die gar zu porträtierte Üppigkeit der „Familie Charpentier" erkennen. Wir sehen die Gestalten und Dinge dieses Bildes für einen Zweck bestimmt, der uns nicht mehr genügt, finden das Stilleben im Hintergrund, so schön es ist, zu stillebenhaft, in einem gewissen Sinne unsachlich, trotzdem es mit größter Sachlichkeit gemalt ist, finden den einfachen Blumentopf am Fenster des Zimmers von Wargemont unvergleichlich schöner, weil er in demselben Sinne sachlicher ist. Der ganze Aufbau der Gruppe in dem älteren Werke erscheint ein wenig gesucht, ein wenig künstlich und, merkwürdigerweise, trotzdem uns nicht entgeht, daß die Personen viel objektiver gegeben wurden als in den „Kindern Bérard“, trotzdem dort von der hier versuchten Synthese nichts oder so gut wie nichts bemerkt wird. Man könnte sagen, die „Familie Charpentier“ sei von dem Auge erfaßt worden, die „Kinder Bérard“ vom Geiste; sie sind in viel höherem Grade Schöpfung.

Das Gemälde hängt in der Berliner Nationalgalerie als Pendant zu dem wenige Jahre vorher entstandenen Meisterwerke Manets, „Dans la Serre“, mit den beiden starken Gestalten, und man kann bei der Betrachtung dieser vollgültigen Dokumente der beiden Meister den Umfang einer Bewegung ermessen, der man ein wenig voreilig einen Sammelnamen gab. Kaum ein Atom ist diesen Werken, deren Autoren sich bei ihrem Start verhältnismäßig nahe waren, gemeinsam. Zwischen beiden ist nicht zu entscheiden. Manet übt in seinem Werke königlich eine königliche Gabe. Seine Kraft steht auf dem Gipfel, seine Klugheit läßt nichts von ihr verloren gehen. Nichts von seiner unnachahmlichen Fähigkeit, mit einem Pinselstrich Leben zu geben, bewirkt die Schönheit des anderen Werkes. Hier ein ursprünglich ganz lyrisches Gestalten, dessen Art nur selten intellektuellen Entscheidungen zu gehorchen pflegt, und dem gerade die klare Einsicht in seine Zwecke das Endgültige einer klassischen Form verheißt. Dort gewaltige Natur. Vielleicht dringt Manets Werk schneller zu uns. Es ist, als brauchten wir nur die Augen zu öffnen, um es zu empfangen, und es mag uns deshalb elementarer erscheinen. Aber täuscht nicht dieser Eindruck der ersten Sekunde? Mit mächtiger Hand räumt Manet alles hinweg, was uns von der Natur trennt. Das feine Netz der Tradition widersteht nicht seinem Griffe. An ihre Stelle rückt das Temperament, das blitzschnell der Neuart flüchtiger Erscheinungen folgt. Aber wehe dem Werk, wenn das Temperament einmal nicht dem Zügel gehorcht, wenn die geschickte Hand auch nur ein Geringes ihrer Geschmeidigkeit einbüßt. Manet ist eine Kunst auf Messerschneide, ein Einzelfall, von dem wir uns keine Brücke in die Zukunft denken, kaum wünschen können. Renoir steht gesicherter da. Er beweist uns noch heute, wie wenig die Hand neben der Anschauung bedeutet, und man wird von ihm bezwungen, ohne je nach seinem Temperament zu fragen. Die „Kinder Bérard“ zeigen mehr und weniger als Temperament. Weniger, denn noch sind in dem Gewebe der Erfindung ein paar Maschen offen, die Manet nie geduldet hätte. Mehr, viel mehr, denn nie vermöchte der ungestüme, auf die Natur gerichtete Sinn solche Übertragungen des Daseins zu erfinden. Alle Hast, die dem überhitzten Großstädter die Nerven bis zum Zerreißen spannt, bleibt dem sonnigen Zimmer fern. Das kühne Wagnis — verwegener als alles, was Manet je gewagt hat — kommt ohne gespannte Gesten zustande. Die ins Sublime gesteigerte Sensation enthüllt uns eine Welt von Kindern.

Das Werk war ein kühner Anlauf. Gemächlich kam Renoir hinterher und malte im selben Geiste Bilder geringeren Umfangs, die das erlangte Resultat benutzten und ergänzten. Es gibt viele Stilleben und Studien jener Zeit in derselben Palette. Der schöne Blumenstrauß der Sammlung Blanche (datiert 1885) könnte auch in dem Zimmer von Wargemont stehen. Der Vergleich solcher Bilder mit den Stilleben früherer Jahre ergibt auf einem bescheideneren Gebiete dieselbe Steigerung, die den Unterschied zwischen den großen Werken ausmacht, wie man überhaupt an den zahllosen Stilleben Renoirs die Entwicklung am besten erkennt; denn sie wiederholen sich mit der Regelmäßigkeit der Natur. Was die Jahreszeit bringt, das erscheint ebenso pünktlich jeden Frühling, Sommer und Herbst auf der Leinwand des Künstlers. Zwischen den roten Pivoines von 1870, bei Durand Ruel, und den etwa sieben oder acht Jahre später gemalten Pivoines der Sammlung Alphonse Kann — um ein Beispiel von Hunderten zu nehmen — ist kaum eine Gemeinschaft. Die ersten wurden einem reichen Garten entnommen, dessen Gärtner Delacroix war. Sie scheinen gut geeignet, eine schöne Vase zu schmücken, aber sind, wenn man so sagen darf, abgeschnitten. Ein wesentlicher Teil ihres Daseins ging dahin, bevor sie in das Bild gelangten. Die späteren scheinen erst hier ihre Existenz zu beginnen. Sie sind reicher an Eigenschaften, mit denen sie den Anschein der Übereinstimmung mit ihren Modellen erwecken, aber alle diese Eigenschaften wachsen gleichsam erst aus der Farbe hervor. Die Farbe gibt den Blumen das Blumige, noch bevor sie zu dem deutlich erkennbaren Abbild einer Gattung der Botanik werden. Die Stilleben der zweiten Hälfte der siebziger Jahre sind üppige Wucherungen der Materie, die der Maler kaum zu bändigen vermag, während die früheren mehr wie eigenartige Übertragungen schöner Bilder aussehen. Und fast ebenso groß ist der Unterschied zwischen den Blumen der siebziger Jahre und den Stilleben aus der Zeit der „Kinder Bérard". Die Üppigkeit wird gemildert. Unter dem kaum fühlbaren Druck weiser Vereinfachung bereichern sich die Blumen um einen unentbehrlichen Begriff: sie werden stiller. Wir mögen diese Änderung dem gereifteren Geschmack zuschreiben, ohne zu übersehen, wie aktiv der Geschmack auftritt. Er entzieht den Bildern nichts von ihrer Vitalität. Die Kraft bleibt dieselbe, nur ist sie jetzt weniger greifbar. Wir sehen weniger, wo sie ansetzt, wie die Wirkung zustande kommt, empfinden sie mehr als ein Ganzes. Zu dieser Unteilbarkeit des Eindrucks trägt unsere Unabhängigkeit von der Kontrolle an der Wirklichkeit nicht wenig bei. Kein Gedanke an das draußen im Garten Gesehene vermöchte den Glauben an das im Bilde Sichtbare zu erschüttern. Die Natur scheint alle ihre Macht der Harmonie abzugeben. Es geht uns mit Renoirs Blumen wie mit seinen Menschen. Wir leben mit seinen Sinnbildern wie mit lebenden Wesen, die uns so nahe vertraut sind, daß ein sehr stiller Verkehr genügt, um die Harmonie aufrechtzuerhalten.

Stilleben Manets sind eindringlicher. Man glaubt nahezu, in seinen Rosen, seinen Fliederbüschen, seinen Pfirsichen die Natur besser zu erkennen als in wirklichen Rosen, wirklichem Flieder, wirklichen Früchten. Eine außerordentliche Steigerung des Sensuellen lehrt uns, mit den Augen zu riechen, zu tasten, zu schmecken. Nie gibt uns Renoir solche Suggestionen. Er hat sich nach jener Zeit stärkerer Wirkungen bedient. Zehn Jahre später begann seine farbenfrohste Periode, deren strahlende Früchte man vielleicht der stillen Schlichtheit der Blumen aus der Zeit der „Kinder Bérard" vorziehen mag. Nie verläßt seine Gebilde jene ungreifbare Hülle, die sie vor jeder derben Sinnlichkeit schützt. Seine Blumen blühen in ewiger Frische auf geweihter Erde. Und wir möchten so wenig die natürliche Distanz zwischen ihnen und uns verringern, wie es uns in den Sinn kommt, den Bacchanten Poussins in leibliche Nähe zu kommen.

Die Stilleben um 1885 mildern den Eindruck von Strenge, den die figürlichen Darstellungen hervorrufen. Kein Figurenbild aus der zweiten Hälfte der achtziger Jahre verleugnet die Tendenzen der „Baigneuses“. Wohl haben wir kein Werk, auf das sich der Begriff des Monumentalen mit gleichem Recht anwenden ließe. Die Gärten von Versailles haben Renoir nicht wieder verführt. Die Komposition im Sinne der „Baigneuses“, über die sich die Freunde entsetzten, mag auch ihm schließlich wie ein Abweg erschienen sein. Vielleicht hatte er sich zu sehr dabei gequält, zweifelte an seiner Anlage für solche Dinge, und der äußere Anlaß fehlte, der die Bedenken besiegt hätte. Nichtsdestoweniger hielt er in allen Bildern der nächsten Jahre mit Konsequenz auf die Geschlossenheit der Formen, auch wenn er sich die Verwendung, die ihnen natürlich gewesen wäre, versagte. Dieses Verhalten setzte ihn allen den Gefahren aus, die jeden Künstler, der seine Kunst über die Geleise der Zeit hinaus entwickeln will, bedrohen. Wir werden sehen, daß sie ihn nicht unberührt ließen. Was ihn schützte, war sein glücklicher Instinkt, sein natürlicher Reichtum an Möglichkeiten. Wenn ihn einmal der Wunsch, eine Erscheinung aufs äußerste zu vereinfachen, in die Enge getrieben hatte, kamen ihm ungerufen zehn andere Motive in den Sinn, die ihn wieder ins Freie lockten. Sein Spieltrieb ließ ihm keine Zeit, sich lange ins Problematische zu verirren. Es gibt Bilder, deren Wesen mit dem Zeichnerischen nahezu erschöpft wird, in denen wir die Gefahr einer Übervorteilung des Farbigen sehr nahe glauben, und die trotzdem keine Reste lassen, nicht nur, weil das Extrem einer Verhärtung des Zeichnerischen vermieden wird und der Anteil des Farbigen gerade noch gewahrt bleibt, sondern weil uns der Spieltrieb des Künstlers überwindet, weil sich seine Subjektivität nicht endgültig gefangen gibt, weil wir ihn — über sich, über uns — lächeln sehen. In der Landschaft mit der Gruppe der Mutter, die ihr Kind säugt*), scheint die Modellierung alles zu bedeuten. Renoir ist in der zeichnerischen Abstraktion seines Typus kaum je weiter gegangen, und er hat kaum je mutwilliger, sorgloser gespielt. Mit dem ungemein beschränkten Mittel kommt ein unverlierbarer Beitrag zu Renoirs „Frauenliebe und -leben“ zustande. Auch der aller Kunst Fernstehende, dem jede Ahnung von der weitverzweigten Problemenwelt, die hier berührt wird, fehlt, dem der Renoir der vorhergehenden und der folgenden Zeit

---

*) Die Gattin des Künstlers mit dem ältesten Sohne Pierre; aus 1886, Sammlung Prince Wagram; S. 123 abgebildet.

unverständlich bleibt, wird schwer der naiven Anmut der jungen Mutter widerstehen können. Ihre Gestalt entspricht in nichts den geläufigen Anschauungen von Grazie, aber was mit ihr unwiderstehlich getroffen wird, ist jedem Menschen noch viel geläufiger, und es dringt gerade infolge des lächelnden Widerspruchs gegen die Grazie banaler Überlieferung so tief ins Bewußtsein. Die Haltung der Beine, das ungesuchte Kleid mit seinen plumpen Falten, diese bedenklich nach hinten ausgebauschte Jacke und manche anderen Einzelheiten übertreiben die formlose Behäbigkeit. Im Innern der Gruppe aber quillen schwellende Linien. Da wölbt sich rosiges Fleisch. Das Auge spielt um geschwungene Formen, über das runde, vom Hut überrundete Gesicht, den säulenförmigen Hals, die kugelige Brust, das aus vielen Rundheiten gebildete Baby, und erfaßt die Fülle in diesem über die Kleidereleganz erhabenen Menschenkinde, erfaßt seine Beziehungen zu der Landschaft, die es umgibt, nicht nur die koloristischen, die das Fleisch zu einem organischen Teil der Helligkeiten machen, auch die weiteren, die tiefe Zugehörigkeit der lächelnden, Leben gebenden Mutter zu der lachenden Natur. Die typischen Formen des Fleisches könnten einen Karikaturisten verlocken, die Gruppe aus mathematischen Kurven nachzubilden. Vielleicht fände er in der Landschaft Ergänzungen der Rundung. So ähnlich könnte man auch mit manchen Madonnen der alten Kölner Meister und der französischen Primitiven verfahren, denen die Heiligkeit ihrer Aufgabe und die Strenge des Themas nicht die Laune verdarb. Die Munterkeit eines Cranach hat sich auch an solchen Rundheiten geletzt. Renoirs Madonna ist reicher, weil ihre Umgebung, die ganze Natur, von ihrem strahlenden Nimbus umfaßt, an ihrer Schönheit teilnimmt. Eher könnte man an Stephan Lochner denken.

Sehr selten unterlag die natürliche Lyrik dem Spekulativen. Wir bilden als Kuriosum die kleine Landschaft mit den ballspielenden Frauen ab, die ebenfalls aus dem Jahre 1886 stammt. Die Photographie lindert den Eindruck des Bildes. Die Figuren sind mit größter Genauigkeit einzeln gezeichnet und in starken bunten Lokalfarben gemalt, deren zähe Substanz mit der losen Umgebung nichts gemein hat. Man könnte sie, ohne die Landschaft zu berühren, aus ihr entfernen. Jede Linie der schlimmen Mode der achtziger Jahre wird verewigt, aber es bleibt nichts von den

Mutter und Kind. 1886. (0,65 : 0,81)
Sammlung Prince Wagram, Paris.
Photographie Durand Ruel.

Das Federballspiel. 1886.   (0,65 : 0,54)
Sammlung Durand Ruel, Paris.

Menschen in den hermetisch geschlossenen Kleidern übrig. Es
sind Modepuppen. In der Gruppierung steckt vielleicht etwas
von der trockenen Phantasie des Seurat der „Grande Jatte". Die
Komik in dem Bilde Renoirs ist drastischer, weil sie nur zu un-
freiwillig zustande kommt. Wir mögen heute über das gering-
fügige Dokument, das unter den zahllosen Meisterwerken Renoirs
verschwindet*), lächeln. Es hat eine ernste Seite. Sein Datum
nötigt uns, in ihm keinen Zufall zu sehen. Es gehört zu den
Bildern einer bedeutsamen Epoche und gewährt einen merkwürdigen
Einblick in die Qualen und Zweifel des Naiven. Selbst ein
Renoir, der sicherste unter den Künstlern seiner Generation,
strauchelte, sobald er sich ganz seiner Zeit überließ, die ihm die
natürliche Ausdehnung seiner Gaben versagte.

---

*) Als ein weiteres Beispiel könnte man allenfalls eine unvollendete Land-
schaft im Besitze Vollards zitieren, auf der das Blattwerk der Bäume mit größter
Genauigkeit detailliert ist. Das Figürliche des Bildes (eine Mutter mit Kind auf
einer Bank; eine Magd im Vordergrund) ist nur angedeutet.

Das Mädchen mit den Garben. 1888.   (0,54 : 0,65)
Früher Sammlung Durand Ruel, Paris.

Die besten Werke jener Zeit scheinen nur gezwungen dem
engen Rahmen des Staffeleibildes zu gehorchen und sehnen sich
nach größeren, würdigeren Flächen. Ihr robuster Auftrag scheint
für die Leinwand zu rauh. Es gibt Köpfe, die wie Fragmente
von Fresken aussehen, z. B. der kleine Mädchenkopf der Sammlung Alphonse Kann*). Das Pastose ist mit dem Mittel moderner
Malerei nicht zu verwechseln. Es dient nicht dem Farbenfleck,
sondern eher entgegengesetzten Absichten, um der Farbe jede
Einzelwirkung zu nehmen. Der Auftrag ist nicht al prima. Das
Bild entsteht durch Übermalungen, die allmählich das Plastische
gestalten und gleichzeitig die Farbe verteilen. Das Verfahren
entfernt sich von den Methoden der modernen Franzosen und
nähert sich eher bis zum gewissen Grade der Malart unseres Hans
von Marées, an den Renoirs Tendenzen jener Zeit oft, trotz aller
Verschiedenheit der Mittel, erinnern. Selbst größere und vollkommen vollendete Werke von der Art des „Au jardin“**), das
Liebespaar im Grünen, dessen Motiv an Manets „Chez le Père
Lathuille“ denken läßt — scheinen ohne wesentliche Veränderungen
auf die Wand übertragbar. Die lockere Improvisation ähnlicher
Szenen der früheren Zeit ist einer robusten Form gewichen, die
selbst auf größte Entfernung in allen Einzelheiten ihre strahlende
Frische bewahrt, ohne die Weichheit und Zartheit des jungen
Renoir zu verleugnen. Unser Glaube an die Ausdehnbarkeit
solcher Werke beruft sich nicht lediglich auf die Vereinfachung
der Form. Diese ist nur eine Folge. Wir fühlen hinter ihr eine
gereiftere und gefestigte, allem Zufall, allem Flüchtigen entrückte
Anschauung. Darauf beruht der wesentliche Unterschied mit dem
im ersten Augenblick viel überraschenderen Bilde „Chez le Père
Lathuille“. Für Manet war das Liebesmotiv nur ein Vorwand,
um einen Moment des Daseins so lebensvoll wie möglich festzu-
halten. Sein Temperament überspringt hier wie überall das Lyrische
der Szene, und wir bewundern die kühne Sicherheit des Sprungs,

---

*) Früher in der Sammlung Leclanché. Etwa 1887. Bei Durand Ruel gibt
es andere Beispiele, wie das S. 125 abgebildete Mädchen mit den Garben in der
Schürze, von 1888.

**) Entstand 1885 in Chatou. Der Herr ist Renoirs Freund, der Maler
Henri Laurent, der ihm damals oft als Modell gedient hat; die Frau ist die
Gattin des Künstlers.

Au jardin. 1885. (1,13 : 1,71)
Sammlung Gerstenberg, Berlin.

der alles Genrehafte weit hinter sich läßt. Aber, könnte man fragen, wäre die Wirkung die gleiche, wenn es z. B. kein Genrebild gäbe und infolgedessen die Reaktion auf die blasse Sentimentalität ihre Würze verlöre? Würden wir auch dann noch die Höhe des Sprungs ebenso sicher zu messen vermögen? Zu großen Kunstwerken gehört die Wirksamkeit großer Impulse. Wir müssen über das Sichtbare hinweg auf starke Empfindungen blicken können, um die auf das höchste Maß gesteigerte Form dauernd zu ertragen. Man vermöchte dem Manet nicht den endgültigen Platz im Schloß unserer Träume anzuweisen, weil wir nicht immer mit gleicher Freude auf das mit größter Lebendigkeit dargestellte Paar blicken würden. Seine Form ist zu fertig, um unserer Empfindung etwas übrigzulassen, sie illustriert zu reich eine Seite des Lebens, die uns für die Ewigkeit zu klein scheint. Das andere Paar wird uns schon deshalb nicht zuviel werden, weil es sich nicht aufdrängt. Es nötigt uns nicht, uns mit den vergänglichen Einzelheiten seines Daseins zu beschäftigen, ist weniger eine Illustration des modernen Lebens als ein in zwei beliebigen Menschen gesammeltes Gefühl. Man wird nicht dem einen Bilde Renoirs alles geben wollen, was Manet versagt bleibt, aber wird in der Richtung solcher Bilder, in ihrer Art eine sicherere Gewähr für die Dauer der Freuden erblicken, die sehende Menschen aus der Kunst gewinnen können.

Mit dem Gruppenbildnis der Töchter seines Freundes Catulle Mendès, das 1888 entstand, wurde die robuste Periode des Malers nach einer besonderen Seite hin erweitert. Mit dem Bilde erschien Renoir 1890 ausnahmsweise im „Salon", dem er seit 1883 ferngeblieben war. Man kann sich denken, daß er es für geeignet hielt, die noch immer widerspenstigen Kreise der Offiziellen zu gewinnen. Es ist bis zu einem gewissen Grade ein Salonbild. Die Subjektivität, die es so wenig wie irgendein anderes Werk Renoirs verschweigt, rückt mehr als sonst das eminente Können des Meisters in den Vordergrund, ohne zu große Zumutungen an den naiven Sinn des Betrachters zu stellen. Wer die Malerei liebt, kann eigentlich, sollte man glauben, den meisterlichen Qualitäten des Werkes nicht die Anerkennung versagen. Es fällt uns nicht leicht, uns heute eine Zeit vorzustellen, die auch vor diesem Bilde immer noch an dem Märchen von dem Revolutionär festhielt.

Les filles de Catulle Mendès. 1888.
Sammlung Prince Wagram, Paris.
Photographie Druet.

In Hinsicht auf die Palette ist das Werk eine Fortsetzung und Erweiterung der „Kinder Bérard". Aber nur in dieser Hinsicht. Der eigentümliche Gefühlsinhalt des Berliner Bildes wird nicht weitergeführt. Wohl fehlt es nicht an Beziehungen. Es sind wieder drei Mädchen, manche Äußerlichkeiten verbinden sie mit den Kindern des Zimmers von Wargemont. Aber die Anschauung hat sich vollkommen verändert. Man hält sich bei der Betrachtung des Berliner Werkes nicht einen Augenblick bei der Frage auf, ob die Kinder wohl einmal ihren Modellen ähnlich gesehen haben. Man nimmt die Halberwachsene, den Backfisch, die Kleinste für Repräsentanten und zählt unwillkürlich die Puppe als viertes Glied dazu. Die leibliche Herkunft der Kinder bleibt draußen. Ihr Vater ist Renoir. Die Wirklichkeit, die ihn leitete, ist uns so gleichgültig, daß uns die Bezeichnung des Bildes als Bildnis ganz unwesentlich erscheint. Gerade in diesem Punkt setzt der Unterschied mit den „Töchtern Catulle Mendès'" am entscheidendsten ein. Sie sind nichts so sehr wie Bildnis. Renoir legt es mit der Wahl der Posen geradezu darauf an, uns innerhalb des Rahmens des Bildnisses zu halten. Wohl hat er auch hier das Typische gesucht, aber es identifiziert sich, wenigstens für den Anschein, mit der natürlichen Ähnlichkeit der Kinder einer Familie und gehört als solche zu den Aufgaben des Porträtisten. Man fühlt, diese Kinder sind mit den Mitteln Renoirs so scharf wie möglich getroffen. Er spielte nicht mit ihnen. Sie haben, als er sie um das Klavier gruppierte, so ausgesehen. Renoir ist kaum je konsequenterer Realist gewesen. Hinge dieses Gemälde an Stelle der „Kinder Bérard" als Pendant zu dem Manet in der Berliner Nationalgalerie, so würde man sehr viel größere Mühe haben, eine prinzipielle Differenz zwischen den beiden Meistern nachzuweisen.

Diese im Vergleich zu dem Berliner Bilde engere Anschauung wird durch die reiche Organisation der Darstellungsmittel erweitert. Die Farbe schafft in den „Kindern Bérard" die Atmosphäre für das lichte Märchen. So reich sie ist, nie verleugnet sie den Naiven, der mit ihr fabuliert wie ein Dichter mit seinen Bildern. Hier dagegen spricht der Lyriker nur in einem Nebensatze mit, immer noch vernehmlich genug, um uns an ihn zu erinnern; aber er hat nicht mehr die Führung. Alle Mittel werden zur Vergrößerung der Leibhaftigkeit der Erscheinung benutzt. Die Farbe dient mit größter Treffsicherheit dem Stofflichen. Das Weiß der Kleider der beiden kleineren Mädchen, das hellbläuliche und hellrosa Töne begleiten, ist mit der Vehemenz eines Franz Hals hingestrichen. In dem Kleide der Klavierspielerin sitzen blaue Tupfen darauf (ähnlich wie in dem Kleide des ältesten Mädchens der „Kinder Bérard", aber wie primitiv wirkt hier das Detail!). Man fühlt das Stärkemittel in dem blitzenden Mull, dessen Starrheit weiches, rundliches Fleisch umgibt. Darüber ergießt sich die rotblonde Flut der Haare. Die Gelb und die Rot des Haares vertiefen sich in dem leuchtenden Holz des Klaviers. Und so werden alle anderen Details gewonnen, aus einem einzigen starken Akkord, der die Leinwand in schwingende Membran verwandelt. Darauf beruht der robuste Reiz dieser musizierenden Kinder. Alle Bilder Renoirs sind Musik. Das Zimmer von Wargemont ist voll von harmonischen Klängen, aber es fehlt ihm die starke Einheitlichkeit der Wirkung. Wohl bedarf es deren nicht im gleichen Maße. Das Mädchen auf dem Sofa ist so reizend, daß wir leichten Herzens die formale Differenz übersehen, die es von der anderen Hälfte des Bildes trennt. Die ganze Harmonie ist loser, spielerischer, wie es dem lyrischen Gehalt des Bildes entspricht. In dem engeren Zimmer der musizierenden Kinder sind die Massen straffer zusammengezogen. In dem Organismus der Farbe und des Auftrags ist nicht die kleinste Lücke. Alle Mittel greifen ineinander, um die Vitalität der Erscheinung zu vergrößern. Der Dichter hat den Traum abgeschüttelt. Oder sind seine Traumgestalten so stark geworden, daß wir sie für Wirklichkeit nehmen?

Das Bildnis der Madame de Bonnières, von 1889, entfernt sich ein wenig von dieser Richtung. Die überschlanke Gestalt in himmelblauem Kleid steht vor einer roten Wand. Das blasse schmale Gesicht ist genau gezeichnet. Ebenso sind die wenigen Möbel des Interieurs, der Tisch und die Konsole mit dem unvermeidlichen Blumenbukett, das wie gewöhnlich die Farben des Bildes angibt, eingehend detailliert. Den Farben fehlt die Tiefe. Das Motiv spielt in sehr hellen und wenig bewegten Tönen. Aber es ist, als habe Renoir, nachdem das Bild die äußerste Glätte erreicht hatte — vielleicht die Glätte der kleinen Bérard in der Sammlung Gangnat — einen Schleier aus warmem Grau darübergezogen. Dieser umhüllt das Blau des Kleides, die Möbel mit ihren bunten Einlagen, das Gelb der bronzenen Verzierungen und das Rot der Wand und umgibt die schmächtige Gestalt mit einer sehr zarten Atmosphäre. Man gelangt nicht leicht in ein rechtes Verhältnis zu dem Bildnis, am wenigsten, wenn man von den früheren, vor Gesundheit und Lebenslust strahlenden Geschöpfen Renoirs kommt, die sich der Übertragung in die malerische Form wie einer Liebkosung hingeben. Das spröde Bild der spröden Dame lockt weniger an. Ich mochte es lange nicht, fand es fade und von einer säuerlichen Süße, die solchen Zimmern mit solchen Tischchen und Konsolen eigen ist. Die dünne gläserne Eleganz des Milieus stieß mich ab. Allmählich gelang es mir, mich von der willkürlichen Abhängigkeit von dem Geschmack des gewählten Milieus zu befreien, und da wurde mir gerade die nüchterne Sphäre, aus der Renoir seine Gestalt gewinnt, zu einer Quelle von Genüssen. Ich erkannte die Tiefe des Schöpferischen innerhalb der scheinbar so engen Grenzen, sah, wie aus den säuerlich-süßen Farben geradezu psychologische Perspektiven wurden, und drang immer tiefer in die seltenen Eigenheiten dieser gemalten Existenz. Ich fand eine neue Seite des Weiblichen, die in Renoirs Enzyklopädie der Frau nicht fehlen dürfte. Ohne das Grau würde man nie dahin gelangen. Es ist kein Schleier, denn es läßt sich nicht wegdenken. Es steht als Farbe zwischen den anderen Farben und scheint die Lebensbedingung der anderen und des ganzen Bildes. Es gleicht dem kaum merkbaren warmen Grund hinter den Gestalten eines Flaubert, der ihre kahlen Reliefs mit einem Schimmer bekleidet.

Mit diesem Bildnis veredelte Renoir den robusten Realismus, dem er Ende der achtziger Jahre zuneigte. Eine Wendung scheint sich in ihm vorzubereiten. Er sucht wieder verschwiegenere Wirkungen. Doch entschließt er sich, ganz wie zehn Jahre vorher, nur langsam zu einer entschiedenen Änderung der Richtung. „Au piano", die beiden Mädchen am Klavier, von 1892, im Musée du Luxembourg, erinnert nicht eben vorteilhaft an „die Töchter Catulle Mendès'". Die erste Fassung des Bildes, die Durand Ruel besitzt, ist glücklicher. Sie hat die Frische, wenn auch nicht den reichen Glanz der „Filles de Catulle Mendès". Die energischen Striche des Pinsels beleben jedes Detail. Man fühlt, der Maler hatte die Natur

Mme de Bonnières. 1889. (0,88 : 1,15)
Früher Sammlung Vollard, Paris.

vor Augen. In der Fassung des Luxembourg hat er die Form weiter treiben wollen und hat dabei die Materie gefährdet. Die Stoffe sind matte, bewegungslose Flächen. Dem großen Vorhang, der in der ersten Fassung mit aller Renoirschen Üppigkeit gemalt ist, raubt der Mangel an Tiefen und geordneten Kontrasten jeden Reiz. Die Farben gehen widerstandslos ineinander über. Der Stoff beschwert das Bild wie eine regungslose Masse. In dem Holz des Klaviers, in dem Sessel des Vordergrundes scheint die Farbe alle Fähigkeit der Übertragung eingebüßt zu haben und schildert nur noch gleichgültige Einzelheiten der Wirklichkeit. Ein wenig mag die Verwendung schlechter Farbenmittel schuld daran sein. Es ist, als hätte die Zeit alles Geschmeidige, Spielerische, Belebende aufgetrocknet und nur das Materielle übriggelassen. Verhältnismäßig am wenigsten werden die beiden Mädchenköpfe von den Mängeln betroffen, und sehr schön ist auch auf dem zweiten Bilde — vielleicht sogar noch schöner als auf dem ersten — der Blick in das Interieur jenseits der Portiere. Es blieb von der allzuweit getriebenen Realisierung unberührt. Man glaubt in ein Prachtgemach Delacroix' zu blicken.

Coco. Relief gegen 1907.

Au piano. 1892.   (0,89 : 1,18)
Sammlung Durand Ruel, Paris.

IV.

Renoir begann mit einer festen Form. Er öffnete sie, um
Farbe hineinzulassen, und schloß sie wieder, um sie zu festigen.
Das Verfahren wiederholt sich. Es gleicht dem ruhigen Atmen
eines gesunden Körpers. Und mit jedem der tiefen Atemzüge,
die dem Körper neuen Stoff zuführen, bereichert sich der Organismus. Keine Willkür bestimmt die Folge der Perioden, sie lösen
sich nicht ab wie feindliche Regenten. Auch wenn die Tendenz
der einen Richtung der anderen entgegengesetzt erscheint, jede
fügt der vorher Gewonnenen etwas hinzu. Die Bilder der achtziger
Jahre entfernen sich weit von denen des vorhergehenden Jahrzehnts. Ihr präziser Ausdruck, ihre scharf umrissene Form, ihre
ganze Art hat so gut wie nichts mit der weichen Hülle und der
geschmeidigen Handschrift der vorhergehenden Zeit gemein. Trotzdem erschöpft man diese Perioden nicht, wenn man sie lediglich
als Gegensätze zwischen Linie und Farbe oder zwischen Komposition und Improvisation hinstellt. Die Vereinfachung hat so gut
die Palette wie alle anderen Faktoren gestärkt. Die Bilder sind
in der Farbe viel klarer und entschiedener geworden, und ihre
Derbheit hat auch rein malerische Vorzüge, die manchen Reiz
der weichen Bilder aus den siebziger Jahren aufwiegen. Die
Geschlossenheit ihrer Form läßt sie den Werken der sechziger
Jahre näher erscheinen. Die Festigkeit der „Diane Chasseresse“,
der „Lise“, des „Ménage Sisley“, die in den siebziger Jahren verschwindet, wird zurückerobert, aber wieviel kommt dazu! Wir
verkennen jetzt, wo uns Renoirs Fähigkeiten geläufig geworden
sind, in der Stabilität der ersten Werke nicht den Notbehelf, der
nur durch Beteiligung entlehnter Elemente standhielt, der sich
lockerte, sobald Renoir diese Elemente durch eigene ersetzte
und die Einfalt seines Anfängertums folgerichtig zu erweitern und
zu bereichern versuchte.

Wer an der Konsequenz, mit der ein bestimmtes Formen-
prinzip erfüllt wird, genug hat, wird Renoir in den Werken, die
er als Fünfziger malte, auf dem Gipfel erblicken. Diese Konsequenz, die ihre eigenen, nicht dornenlosen Wege ging, fern von
der breiten Straße des Impressionismus, ist uns viel wert. Sie
stärkt unser Vertrauen auf den Naiven, dem die Energie der
Selbsterkenntnis nicht fremd war. Aber sie ist nicht alles. Es

Bildnis Richard Wagners (Wiederholung). 1893. (0,305 : 0,405)
Sammlung Cheramy, Paris.

gilt von der Entwicklung Renoirs, was von der Entwicklung der Menschheit gilt. Sie geht nicht ohne Opfer vor sich. Man sieht nicht ein Ganzes in allen Teilen stärker, reiner, reicher werden, sondern bemerkt neue Höhen an Stelle der alten und muß sich mit der Einsicht zufriedengeben, daß jedes hohe Werden aus eigener Kraft den Wert des Lebens erhöht.

In den „Filles de Catulle Mendès" steckt nicht der ganze Renoir. Die Strenge des Strichs schloß manche Reize früherer Zeiten aus. „Au piano" und manche anderen Bilder aus der ersten Hälfte der neunziger Jahre verraten eine gewisse Enge der Anschauung. Renoir hatte sich festgerannt. Er fühlte es und machte sich frei. Er mäßigt die scharfe Zügelung des Genius, öffnet wieder die Form, und das Resultat ist eine neue Blüte.

Das klingt einfach wie ein Rechenexempel. Eine Form öffnen und schließen — man kann kein leichter zum Verständnis sprechendes Bild finden. Vergessen wir nicht, daß es sich eben nur um ein sprachliches Bild handelt, das von dem Phänomen nur die rohen Umrisse andeutet. So einfach die Lösung uns Zurückblickenden dünkt, weil sie dem Meister glückte, so undurchdringlich mag sie ihm vorher erschienen sein. Es dauerte Jahre, bis er sie fand, oder besser, bis sie sich ihm darbot, denn es ist die Frage, ob nicht allein schon die volle Bewußtheit des Suchenden genügt hätte, um sie zu vereiteln. Die neue Entwicklung beginnt etwa um 1895 und zieht sich, bis sie zur Höhe gelangt, bis nach 1900 hin. Es ist eine Periode des Tastens. Man kann sie nicht unfruchtbar nennen. Ein einziges Bild, wie das schlafende nackte Mädchen von 1897*), ein letzter und glänzend gelungener Versuch einer weitgetriebenen Modellierung mit dichter Materie, würde ihren Wert sichern, und es steht nicht allein. In diese Zeit fallen viele Zeichnungen und Pastelle, und es käme ein stattliches Werk zusammen, wollte man allein das sammeln, was Renoirs frohe Laune dem Papier anvertraut hat**). Immerhin sind diese

---

*) Sammlung der Mlle. Diéterle, Paris. Hier abgebildet.

**) Eins der schönsten Pastelle stellt die Bonne Renoirs mit seinem zweiten Sohne Jean und einem anderen Kinde dar und entstand gegen 1894 (Sammlung J. und G. Bernheim). Auch das graphische Werk ist nicht unbedeutend. Es umfaßt einige Radierungen und Vernis-mou-Ätzungen und etwa zwanzig einfarbige und mehrfarbige Lithographien und entstand im wesentlichen in den beiden letzten Jahrzehnten. Die schönsten farbigen Lithographien, meistens nach Kompositionen,

Rötelzeichnung.　Gegen 1864.　　　　　　　　(0,24 : 0,31)
Privatbesitz, Berlin.

Jahre im Vergleich zu anderen spärlich bedacht. Sie verraten die Unsicherheit des Suchenden. Es wurde Renoir schwer, die Gedrungenheit der Form aufzugeben, die er nach jahrelanger Arbeit erreicht hatte, und die ihm allein eines Meisters würdig erschien. Und doch konnte es sich um nichts anderes handeln, wollte er die Klippe vermeiden, zu der ihn die weitere Verfolgung des alten Weges unfehlbar getrieben hätte. Auf diesem Wege gab es nur das Monument, um die Kräfte, wie sie sich jetzt entwickelt hatten, rationell zu verwenden. Fehlte es, so mußten sie bei gleicher Spannung zu einer Überladung führen und verkümmern wie alles ungenutzte Übermaß. Auf der anderen Seite drohte der Kompromiß, der Verzicht auf Weiterentwicklung, der Rückschritt. Man kann sich diese Situation nicht eindringlich genug vorstellen, nicht nur um die kommende Blüte Renoirs in vollem Maße würdigen zu können, sondern auch um an diesem nicht gewöhnlichen Beispiel immer wieder das jedem künstlerischen Wirken unserer Zeit bestimmte Schicksal zu erkennen.

Was Renoir half, war sein glücklicher Lebensdurst. Vor allem leben! Er konnte nicht in der Stube sitzen und grübeln, wenn draußen der Frühling begann. Vor allem malen! Er mußte, ob er wollte oder nicht. Malen war sein Anteil am Leben. Es genügte, eine Zeitlang zu rasten oder wenigstens nicht mit dem alten Eifer bei der Sache zu sein, um seine Begeisterung plötzlich wie einen zurückgehaltenen Strom über alle Dämme fluten zu lassen. Und bei so einer Gelegenheit kam das Neue ganz von selbst zustande, sowie in den Tiefen der Erde infolge einer Erschütterung neue Kristallisationen entstehen.

Auch in den früheren Perioden ist die Natur Renoirs das treibende Element. Sie erlaubte nicht einmal den Einflüssen, die dem Anfänger zur Seite standen, unbeschränkte Macht. Doch ist in den sechziger Jahren die Hilfe Courbets sehr deutlich; ebenso deutlich in den siebziger Jahren der Einfluß Delacroix', und noch in den achtziger Jahren konnten wir mit einigem Grund auf den Anteil Ingres' und älterer Meister hinweisen. Anders steht es mit der Periode, die wir bis auf weiteres als die letzte

die auch als Ölbilder existieren, hat Vollard in den letzten 15 Jahren herausgegeben. Eins der schönsten einfarbigen Blätter ist das Mädchen im Hut, das 1899 für meine Publikation „Germinal" gedruckt wurde.

Schlafende Baigneuse. 1897.   (0,63 : 0,81)
Sammlung Mlle Diéterle, Paris.
Photographie Druet.

anzusehen haben. Sie kommt nur aus bereits erworbenem Besitz
zustande und enthält den reinsten Extrakt des Renoirschen Genius.
Wie weit es erlaubt ist, daraus unbedingte Schlüsse zu ihrem
Gunsten zu ziehen, steht dahin. Mir scheint die Unabhängigkeit
eines Werkes kein ausschlaggebender Faktor. Und wir bedürfen
seiner in diesem Falle nicht, um den Wert der Epoche zu erweisen.

Das Neue erscheint wie eine Kondensation des Früheren, und
es ist so verschieden von dem Vorhergegangenen, daß man eine
neue Kristallisation der Werte Renoirs annehmen könnte. Das
Merkmal, das sich sofort aufdrängt, ist eine Vervollkommnung des
Farbigen. Dafür ist die Änderung der Palette, die sich nachweisen ließe, unwesentlich. Mechanische Modifikationen des Mal-
mittels könnten keine Entwicklung verbürgen. Die Farben dienen
anders, werden anders verwendet, und diese Änderung geht auf
eine Veränderung der Anschauung zurück. Der Begriff des Farbigen
wird verfeinert und erhöht und organischer ausgestaltet. In den
siebziger Jahren erscheint die Palette mehr oder weniger verhüllt.
Wo Renoir diese Vorsicht außer acht läßt, tritt leicht eine Differenz
zwischen Farbe und Empfindung zutage. In den achtziger Jahren
betont die robuste Farbe den primitiven Kern des Stilisten. Erst
nach dem folgenden Jahrzehnt gewinnt Renoir ein dem Augenblick gehorchendes Ausdrucksmittel von größter Geschmeidigkeit,
das alle Zartheit seiner Art unmittelbar auf die Leinwand über-
trägt und dabei mit kleinstem Volumen die farbigste Wirkung
hervorbringt. Man könnte sagen, er habe das, was unter dem
Grau der siebziger Jahre steckte, hervorgeholt und die robuste
Koloristik der achtziger Jahre von allen Lasten befreit. Sind die
Farben immer reiner als vorher? Ich weiß es nicht. Sie entsprechen
besser der Reinheit und Grazie der Renoirschen Empfindung. Unverhältnismäßig leichter und ungezwungener als vorher entsteht
das Bildhafte. An Stelle der großen Massen treten kleine mit
winzigen Strichen geteilte Flächen, die wie klug geeinte Edelsteine
zusammenklingen. Bäche funkelnden Lichts berieseln die Leinwand
bis in den kleinsten Winkel. Jetzt erst wird Renoir Kolorist.
Es ist, als habe er alle festen Begriffe, die vorher seine Lust
am Dasein erfand, in einem Bad von glühenden Farben gelöst,
und als genüge diese Materie allein, um unserem Auge alle

Herrlichkeiten der Erde vorzugaukeln. Jetzt erst wird er Landschafter, weil er keiner Legende mehr bedarf, um Hymnen auf die Schönheit zu dichten. Was früher das junge Fleisch, die üppigen Lippen, die schwellenden Brüste sangen, das scheint jetzt alles in dem leuchtenden Rosa enthalten, mit dem er den Fleck im Grünen malt. Ein Rosa so zart wie die Haut des Pfirsichs oder leuchtend wie das Silber im Fleisch der Erdbeeren; wo es rot wird, meint man geöffnete Tomaten zu sehen. Ein Blau wie der Himmel im Süden, den keiner wie Renoir sah, zuweilen undurchsichtig und matt wie ungetrübte Türkise. Ein Gelb, das von Safran bis zu dem dunkelsten Ton der Orangen zielt und oft wie Goldquarz schimmert. Aber man sollte mit keiner Allegorie den Sondereindruck einer Farbe bestimmen, da sie im ganzen doch nur Klang unter Klängen ist. Man sollte das Zusammenklingen zu schildern versuchen, den von aller Erdenlast befreiten Jubel der Farbe. Und wer könnte in Worten dies Symbol einer vom Zweck genesenen Daseinsfreude schildern, ohne wiederum zu Symbolen zu greifen? Man möchte nicht nur die Poesie, noch lieber die Prosa dieser Bilder wiedergeben, das Urnatürliche ihres Inhalts, die Illusion, als seien diese Farben nichts als der unmittelbare Niederschlag gesehener Dinge, die jeder von uns sehen kann. Man könnte sagen, Renoir sei jetzt erst Impressionist geworden, und zwar konsequenter als je. Theoretiker würden vielleicht in seiner Flächenteilung, in der Nebeneinanderstellung von Farben, deren Kontraste ersetzen, was in früheren Bildern einer Farbe zufiel, den Niederschlag der Theorien Chevreuls erblicken, auf die eine beträchtliche Gruppe moderner Koloristen ihr Verfahren aufbaut. Und sie könnten Recht haben, ohne damit von der Art der Bilder etwas Wesentliches, das sie von allen anderen unterscheidet, zu sagen. Sicher hat er viel mehr als früher der Materie seine Aufmerksamkeit zugewendet. Er ist nicht mehr der Liederdichter der siebziger Jahre, dem die Melodie über alles ging, und ist auch über die ernstere Zeit hinaus, da er alles daran setzte, seine Linien zum Pathos eines Epikers zu steigern. Mehr als je sucht er das „Metier", die sichere Technik, auf die er sich immer verlassen kann, gedenkt der Zukunft seiner Bilder, achtet auf Farben, die das Werk sichern und seinen Reiz selbsttätig erhöhen, aber bleibt vor allem Renoir, der Lyriker, der dichten muß und in er-

habeneren Stunden zum Pathos greift, und keine Logik einer
Farbenlehre macht ihn zum Diener seiner Technik. Seine Konsequenz beruht auf dem Festhalten an dem Verhältnis zwischen
Mensch und Kunst, das mehr als alles andere seine Eigenheit
ausmacht. Es wird vertieft, erweitert, nie in den Grundlagen
verändert. Wenn er sich jetzt mehr als früher mit dem Phänomen
der Komplementärfarben auseinandersetzt, geschieht es auf seine
Weise und so, daß der Besitz an Werten, den er zu erhalten
wünscht, nicht gefährdet, sondern vergrößert wird. Seine Koloristik
erscheint nicht ohne Grund am konsequentesten in seinen Landschaften und Stilleben und ist am wenigsten in den figürlichen
Werken zu durchschauen. Aber auch der Landschafter des letzten
Jahrzehnts, der verhältnismäßig den größten Vorsprung gewinnt,
unterwirft nicht bedingungslos den überlieferten Begriff seinem
Teilungsverfahren, wie es moderne Farbenstilisten tun, sondern
interpretiert mit ungreifbaren Nüancen den Reichtum, der sich aus
dem natürlichen Unterschied zwischen den Materien der Dinge
ergibt. Diese Nuancen werden mindestens in demselben Maße
von der Faktur wie von der Farbe bestimmt, und zwar läßt sich
kaum zwischen Faktur und Farbe unterscheiden. Derselbe Ocker
sieht, mit verschiedenen Pinselstrichen gemalt, ganz verschieden
aus. Und diese Differenzen kommen mit einer ganz homogenen
Pinselschrift zustande. Derselbe Renoir, der jahrelang in pastosen
Farben schwelgte, bedient sich jetzt eines ganz dünnen, nahezu
aquarellmäßigen Auftrags und erreicht mit ihm unvergleichlich
reichere Wirkungen als der Maler der achtziger Jahre. Der Pinsel
scheint aus gefärbtem Wasser ziselierte Flächen zu schmieden
und gewinnt aus Dunst, der kaum die Leinwand tönt, leuchtende
Tiefen. Es ist die Art, wie Delacroix malte. Auch das Juwelen-
hafte der kleinen Legenden aus Delacroix' reifster Zeit scheint
einem flüchtigen Druck der Hand gehorsam, und gerade die ganz
dünne, flüssige Materie gibt das Übersinnliche des Prunks, das
uns begeistert. Und auch diese Annäherung Renoirs an den Meister
seiner Wahl, dem er in der Jugend zu nahe gekommen war, dessen
Komposition und Farben ihn verwirrt hatten, und dem er jetzt
auf eigener Bahn einen freien Tribut der Verehrung bringt, bestätigt die Vergeistigung des Gereiften.

Mit dem neuen Mittel wiederholt er manches Motiv früherer

Wiederholung der „Pêcheuses de moules". 1895—98.   (0,46 : 0,56)
Sammlung Laroche, Gand.
Photographie Druet.

Baigneuses. Gegen 1897.   (0,65 : 0,53)
Photographie Durand Ruel.

Zeiten*). Die „Baigneuses" erhalten Nachfolger. Schon in der
ersten Hälfte der neunziger Jahre hatte er mehrere Einzelgestalten
von nackten Mädchen gemalt, die den Übergangscharakter zeigen,
weicher als die blonde Baigneuse von 1881, zuweilen zu weichlich.
Ihre Farbigkeit vermag nicht die Anmut jener in Italien gemalten
Gestalt, noch weniger die stolze Ruhe der Baigneuse von 1885 zu
ersetzen**). Auch die beiden Kompositionen mit Baigneuses, aus
1897 etwa, von denen die eine, im Besitz des Prince Wagram,
einige Gestalten des Bildes bei Blanche wiederholt, haben nicht
die stolze Gebärde der achtziger Jahre und verraten in der Farbe
noch den Übergangsstil. Aber man wird sich nicht leicht dem
Reiz des Spiels dieser nackten Mädchen entziehen können, der

---

*) Vergl. die 145 und 151 abgebildeten Wiederholungen der „Pêcheuses de
moules" und der „Baigneuses".

**) In einem der Schlafzimmer bei Durand Ruel hängen vier solcher Baig-
neuses in einer Reihe, aus 1891—96.

Coco. 1903.   (0,31 : 0,36)
Sammlung Maurice Gangnat, Paris.
Photographie Druet.

schmeichlerischen Wärme der Atmosphäre, in der wir das Summen
der Zikaden zu hören glauben.

Die neue Materie reichte zunächst noch nicht für alle Auf-
gaben des Unermüdlichen aus. Sie versagte zumal bei großen
Formaten. In dem Hauptwerk von 1900, „La Sortie de bain“,
der Sammlung Bernheim, gelang es Renoir nicht ganz, die umfangreichen Flächen zu bändigen. Man möchte dem Bilde die frühere
Art des Meisters, die Struktur starker Pinselstriche, wünschen.
Es wirkt ein wenig leer. Der dünne Auftrag ergibt eine dünne
Materie. Renoir fürchtete offenbar, die Flächen könnten zu unruhig werden, und unterließ die Teilung der Farben, die dem
Landschafter so reiche Resultate bescherte. Namentlich in dem Rot
der Dienerin vermißt man die Bewegung. Auch die beiden Damen-
bildnisse derselben Sammlung, die 1901 datiert sind, scheinen zu groß
geraten.*) Erst nach dieser Zeit erreicht Renoir mit den figürlichen Dar-

*) Das eine von ihnen ist in Durets „Peintres Impressionistes“ in einer
mäßigen farbigen Abbildung wiedergegeben.

stellungen das Niveau der Reife, und dabei hat ihn wahrscheinlich ein
äußeres Ereignis, das ihm manche bittere Stunde bescherte, gefördert.

Renoir litt schon lange an der Gicht. Ende der neunziger
Jahre verschlimmerte sich das Leiden. Es deformierte immer
mehr die Hände und erschwerte die Arbeit. Renoir ertrug nicht
mehr das Pariser Klima und floh in den Süden. Er bringt seitdem den Winter regelmäßig in der Nähe von Nizza zu. Paris
sieht ihn immer seltener, wenige Wochen im Frühling oder Herbst,
wenn das Wetter freundlich ist. Vor einigen Jahren hat er in
Cagnes, einem reizenden Dorf wenige Kilometer von Nizza, eine
Farm erworben und sich dort ein Haus gebaut. Dort erträgt er
mit philosophischem Gleichmut die Gebrechen des Alters und malt.
Den Sommer bringt er gewöhnlich in seinem Landhause in Essoyes
in der Bourgogne zu. Auch da hat er viele Kostbarkeiten der
letzten Jahrzehnte geschaffen. Manche hängen in der reichen
Sammlung von Werken aller Zeiten, die der Meister für sich
und die Seinen in Essoyes in sicheren Verwahr gebracht hat.

Der Garten von Essoyes. 1903.   (0,18 : 0,19)
Sammlung Maurice Gangnat, Paris.
Photographie Druet.

Coco. 1904.   (0,46 : 0,55)
Sammlung Maurice Gangnat, Paris.
Photographie Druet.

Die Gicht, die den Menschen peinigte, wurde des Künstlers
Freund. Man kann ihr einen gewissen Anteil an dem Stil der
letzten Jahre zuschreiben. Sie hielt den Maler von großen Formaten
zurück und nötigte ihn zu dem losen Auftrag. Die Festigkeit der
großen Striche früherer Zeiten bedurfte gesunder Glieder. Vielleicht
haben wir Grund, das Leiden zu segnen. Wie Beethoven zu den
reinsten Schöpfungen aufstieg, als die Taubheit die unmittelbare
Verbindung des Organs mit der Außenwelt unterbrochen hatte,
wie er da ganz in sich hineinging, jeden Materialismus des Ton-
malers aufgab und umso reicher wurde, je ärmer sich die natürlichen

Coco. 1905. (0,31 : 0,40)
Sammlung Maurice Gangnat, Paris.
Photographie Deletang.

Möglichkeiten gestalteten, so wurde Renoir von einem verwandten, wenn auch nicht so grausamen Geschick getrieben, mehr als vorher seine Wirkungen im Geiste zu vollenden, um ihre Darstellung dem Körper zu erleichtern. Man begreift nicht, wie er zu malen vermag. Die verschrumpfte Hand mit den grotesk gekrümmten Fingern gleicht einem Knäuel verworrener Spiralen. Die Finger können noch gerade die unentbehrliche Zigarette halten und vermögen nicht, die Speisen zu zerlegen. In den formlosen Knäuel steckt die Gattin oder die treue Bonne Gabrielle, die immer um den Meister ist, den Schaft des Pinsels. Er drückt den Knäuel zu und malt. Und malt, als halte er Daunenfedern in den Fingerspitzen. Bei Gangnat hängt ein Bildchen aus dem Jahre 1903, das einen Blick in den Garten von Essoyes darstellt. Es mißt wenige Zentimeter. Die leuchtenden Schatten und zuckenden Lichter verwandeln es in einen Kosmos ohne Grenzen. Man glaubt,

Wiederholung der „Baigneuses". 1901/1902.   (1,66 : 1,14)
Sammlung Vollard, Paris.

mit allen Sinnen in blühende Vegetation unterzutauchen. Auf einer
Bank sitzt ein Mädchen in erdbeerrosa Jacke und hütet ein Kind.
Es hat einen hellen Hut auf mit schwarzem Bande. Die Farben
liegen aufeinander, ineinander, als seien sie von selbst zusammen-
geflossen. Nirgends wird etwas Zeichnerisches bemerkbar, und
die Erscheinung ist so präzis, daß man die Regungen der winzigen
Gestalt zu spüren glaubt. In ihrem weißen Rock spielen graue
Töne, die auf einem Umfang von Millimetern eine Fülle von Höhen
und Tiefen erscheinen lassen. Renoir ist nie geschickter gewesen.
Unser Unverstand reicht nicht zu der Vorstellung aus, daß dieser
Raffael nicht mehr der Hände bedurfte.

    Das Kindchen neben dem Mädchen ist Renoirs Liebling, die
Freude seines Alters, sein dritter und jüngster Sohn Coco*). Er
hat den flachsblonden Kopf des Kindes im selben Jahre in dem
Medaillon gemalt, das auch in der Sammlung Gangnat hängt.
Ein weißer Grund mit wenigen flüchtigen Strichen, die kaum die

*) Eigentlich Claude, geb. 1901. Das Mädchen ist Renoirs Bonne René,
die zu vielen Baigneuses der letzten Jahre Modell gestanden hat. Abb. S. 148.

Femme couchée. 1902.   (0,65 : 0,54)
Sammlung Maurice Gangnat, Paris.
Photographie Deletang.

Leinwand bedecken, fragonardhaft, aber ohne eine Spur von
überhastetem Manierismus.   Und er hat seit 1903 den Jungen
immer wieder gemalt, im Freien, im Zimmer, schlafend oder mit
den Bausteinen spielend oder bei der Arbeit, so oft und regelmäßig wie seine alljährlich wiederkehrenden Früchte.   Man kann
an den Bildern das Wachstum des Knaben verfolgen.   Und jedesmal ist Renoir Vater eines neuen Kindes geworden.   Kaum eins
dieser Bilder wiederholt, was ein anderes gesagt hat.   Daneben
erscheinen die alten Lieblingsmotive des Meisters, seine Blumen,
seine Mädchen.   Alle sind jünger, noch strahlender, noch glücklicher geworden, noch sicherer der Vergänglichkeit entrückt. Wieder
erscheinen Baigneuses, und mit ihnen kommt der Anschluß an
den alten Renoir, ohne den dieser Zeit das Beste fehlen würde.
Er nimmt den alten Plan, die Realisierung des Nackten in der

Landschaft, wieder auf und erhebt sich wiederum über alles Improvisierte der Richtung. Die liegende Baigneuse von 1902 ist das erste sichere Resultat dieses Weges*). Vor farbenreichen Gebüschen dehnt sich in weichen Linien der Körper. Er ist ganz dünn mit kaum merkbaren Strichen von Rosa, Grau und verschwindendem Violett gemalt, die ein unendlich feines Gewebe ergeben, und wunderbar modelliert. Kein Detail, das das Auge suchen könnte, ist vernachlässigt oder improvisierend behandelt. Das Runde entsteht ganz allmählich aus hauchartigen Lichtdifferenzen. Trotz dieser sehr weit getriebenen Realisierung bleiben wir innerhalb der Grenzen einer Vision. Nie verliert der Körper die Teilnahme des Bildes. Seine sehr zarte Bewegung findet in der Umgebung, in den seltenen tonreichen Grün, in den Gelb und Rot der Landschaft kräftige Helfer. Das in großen Flecken gemalte Gebüsch hebt den Körper ebensosehr hervor, wie es ihn geschmeidig umhüllt. Das Leben, das früher von starken Konturen getragen wurde, scheint in das Innere des Körpers gewichen, sowie es nicht mehr in dem sichtbaren Pinselstrich, sondern in dem Rhythmus des Farbigen steckt, in unnennbaren Organen des Bildes.

In vielen figürlichen Werken der nächsten Jahre wird der Zusammenklang der Farben- und Formenrhythmen erweitert und bereichert, und je mehr wir uns im Oeuvre der Gegenwart nähern,

---

*) Es gibt zwei Fassungen. Die erste, in der Sammlung Henry Bernstein, Paris, figurierte auf der Vente Bernstein im Juni 1911 und wurde vom Besitzer zurückgekauft. Die kurz nach der ersten gemalte zweite Fassung (Sammlung Gangnat, Abb. S. 151) wurde wesentlich verbessert. Die Komposition gewann infolge der glücklicheren Gliederung der Landschaft. Das Gebüsch nimmt in der ersten Fassung zuviel Raum ein. Es erhielt in der zweiten die wellenförmigen Umrisse und wurde zurückgedrängt. Dadurch wird die Ebene freier und luftiger. Der Baum in der Ebene ist mehr betont und geht mit seinem Wipfel über den oberen Rand des Bildes hinaus. Dadurch wird das Gleichgewicht gesichert. In der oberen linken Ecke wird das Stück eines Baumstamms sichtbar. Es unterbricht die in der ersten Fassung sehr merkbare Monotonie des Gebüschs. Noch wesentlicher ist die Verbesserung des Farbigen, die ebenfalls am meisten der Landschaft zugute kommt. Renoir hat namentlich die roten und gelben Töne mehr betont. Dadurch erhält das Grün des Gebüschs den silberigen Ton. Den Anteil des Baumes rechts, der in der ersten Fassung gar nicht mitspricht, unterstreicht sehr glücklich das leuchtende Rot. Die Schatten sind tiefer. Das Ganze wirkt loser und frischer. — Als Modell diente die Frau eines Bäckers (la Boulangère), die Renoir für viele Bilder des letzten Jahrzehnts gestanden hat.

Verwundetes Mädchen   1909.   (0,73 : 0,92)
Sammlung Maurice Gangnat, Paris.
Photographie Druet.

Ode aux fleurs (nach Anakreon). 1909. (0,35 : 0,45)
Sammlung Maurice Gangnat, Paris.
Photographie Druet.

desto kühner und sicherer beherrscht Renoir seine losen Mittel.
Zuweilen scheint ein verklärter Rubens die Pinsel zu führen, so
in der pompösen sitzenden Baigneuse*) des Prinzen Wagram.
Zuweilen steigern sich die weichen schwellenden Formen zu wahren
Symbolen der Fruchtbarkeit, so in der Frau mit dem flutenden
Haar, in der die Üppigkeit der „Source" und ähnlicher Werke
der siebziger Jahre vergrößert und gereinigt wiederkehrt. Man

---

*) Sie sitzt auf auf einem Badetuch und hält die eine Hand im Haar, die
andere an dem Fuß. Großes Kniestück, etwa 1904. Es gibt außer dem Bilde
bei dem Prinzen Wagram zwei sehr ähnliche Fassungen desselben Motivs im
Besitz des Künstlers. Ein ebenbürtiges Pendant ist das Mädchen mit dem Blut
am Bein, von 1909, abgebildet S. 154 (Sammlung Gangnat).

Ruhender Hirtenknabe (Bildnis). 1911.   (0,93 : 0,75)
Sammlung Thurneyssen, München.

wird in der Wagramschen Sammlung nicht fruchtlos die beiden
Bilder vergleichen. Das übertriebene Prestige der Werke der
siebziger Jahre hält vor solchen Vergleichen nicht stand. Auf
der „Source" ist ein reizendes Mädchen märchenhaft gemalt; das
andere ist eine Göttin. Und die Darstellungsmittel entsprechen
den Motiven. Ein Hauch von Griechentum dringt in das späte
Werk Renoirs. In der gelassenen Fülle mancher Baigneuses
schlummert, lose verhüllt, antikes Wesen. Er hat in einem kleinen
Bilde bei Gangnat „Ode aux fleurs" eine Erinnerung an Anakreon gemalt, die als Illustration seines eigenen Wesens gelten
könnte*). Der ruhende Hirtenknabe der Sammlung Thurneyßen
in München, der im Frühjahr 1911 entstand, ergänzt diese Melodie.

So erweitert sich allmählich die Welt um Renoir. Er beginnt
bei Courbet und endet bei der Antike. Vergessen wir nicht, daß
keine Etappe dieser langen und auch heute noch nicht beendeten

---

*) Das Motiv entstand als Aquarell für eine Anakreon-Ausgabe im Besitz
des Herrn Arthur Meyer in Paris. Ein ähnliches Mädchen hat Renoir für Vollard
lithographiert.

Reise ihn aus unserer Nähe vertrieb. Er blieb in der Gegenwart und blieb mit allen Regungen, die sich in Werke umsetzen, Sohn seines Volkes. Er entfernte sich zuweilen von den Tagesfragen und war nie in dem gewöhnlichen Sinne aktuell. Er blieb stets in den weiten Grenzen der französischen Tradition. Man könnte sagen, er habe mit jeder Etappe seiner Entwicklung ein weiteres Gebiet der Tradition seines Landes belebt. Im Alter unterstrich er womöglich noch diese Treue seiner Instinkte. Nie ist seine Beziehung zum Dixhuitième deutlicher. Aber auch jetzt noch erkennt man sie als Teil seiner vielartigen Beziehungen zu der Kunst seiner Ahnen, nicht als ihre Summe. Die antike Ruhe seiner Gestalten reicht weit über die frivole Welt der Boucher und Fragonard hinaus.

Aus der bunten Menge von Bildern ragt ein Werk hervor, das als ein Abschluß mancher Tendenzen des Meisters gelten kann. Es besteht aus den beiden zusammengehörenden Panneaux mit Tänzerinnen. Seinem getreuen Anhänger Gangnat zuliebe entschloß sich Renoir im Sommer 1909 noch einmal zu einem umfangreichen Format*) und malte die beiden Gestalten in Lebensgröße. Es war eine saure Arbeit. Die Höhe der Panneaux zwang ihn, stehend zu malen. Die Glieder murrten, die Anstrengung machte ihn krank, die Seinen waren in Sorgen. Aber nach wenigen Wochen standen beide Bilder vollendet da. Sie strahlen, von keiner Qual bedrückt. Nie ist Renoirs Kunst frischer und froher gewesen. Dem Greis gelang ein Denkmal der Jugend.

Es ist kein starres Monument. Dem Zwecke entspräche nicht die ernste Linie. Farbige Gewebe, luftig wie leichte Wölkchen, durch die das Licht bricht, sind seine Formen. An Schleiern hängen Rosengewinde. Reflexe von Perlen sind in Gaze gewirkt. Ein Märchenerzähler des Orients, dem alle Kleinodien aus Tausendundeine Nacht zur Hand waren, erfand die Kostüme. Für die Schwarze mit dem Mohn im Haar, die ihm sicher die liebste war,

---

*) Es gibt aus der letzten Zeit mehrere große Bilder in Breitformat mit liegenden weiblichen Akten. Das bedeutendste scheint mir das aus 1907, im Besitz der Mlle. Diéterle in Paris (1,52 : 0,68). Durand Ruel besitzt ein ähnliches Bild; ein drittes ist im Besitz des Künstlers. Man könnte diese Bilder mit der schönen Serie der dekorativen Stücke mit liegenden Frauengestalten vergleichen, die aus den siebziger Jahren stammen und gegenwärtig im Besitz Vollards sind. Zwei davon sind unter den Werken dieser Zeit abgebildet.

Panneau. 1900.   (0,64 : 1,55)
Sammlung Maurice Gangnat, Paris
Photographie Druet.

Panneau. 1909. (0,64 : 1,55)
Sammlüng Gangnat, Paris.
Photographie Druet.

das Blau; ein Himmelblau mit Weiß und Grau und Rosa, und ein
dunkleres Blau in dem Schal, der um den durchsichtigen Rock geschlungen ist. Die Brust umgibt die kurze Weste eines Toreadors*),
aus Orange und venezianischem Rot, die ineinander übergehen,
ineinander strahlen wie auf Bildern Grecos. Für die andere, die
Blonde mit dem Tamburin, die auch solch eine spanische Weste
trägt, das Rot; ein türkisches Rot, das mit leichterem grünlichen
Stoff gefaßt ist, und dessen starke Töne das strahlende Rosa
des Fleisches ergänzen. Den weißgrauen Mull der Pumphosen
schmücken blaue Flecken. Das Blau kommt auch in anderen
Details wieder und unterhält die farbigen Beziehungen zu dem
Kostüm der Partnerin. Unter dem bunten Behänge regen sich die
rundlichen Körper, langsam und ein wenig träge. Sie gleichen
übervollen Blüten, die der Wind nur wenig bewegt.

Die Panneaux hängen in einem kleinen Pariser Eßzimmer, zu
beiden Seiten eines Pariser Spiegels. Sie könnten in anderen
Räumen hängen, es ließe sich ein Palast denken, der von solchen
Bildern würdig geschmückt würde. Er müßte feenhaft sein. Aber
wo wäre der Baumeister, fähig, Formen zu erfinden, die dieser
losen Pracht zum Rahmen dienen könnten, der so zu bauen vermöchte, daß Raum und Bild, wie im achtzehnten Jahrhundert und
in den Zeiten vorher, wie von einer Hand geschaffen erschienen?
Und wo wäre der Bauherr? In die Freude des Betrachters dieser
Dekorationen, die alles Dekorative unserer stilarmen, stilsüchtigen
Zeit so weit hinter sich lassen, mischt sich das Bedauern, daß wir
keine Paläste mehr bauen, daß keine Fürsten mehr da sind, um
solche Meister zu nützen. Aber sind die Bilder deshalb weniger
wert? Erfüllen sie nicht etwa gerade deshalb ihre hohe Bestimmung?

Die beiden Tänzerinnen wecken die Erinnerung an viele Dinge.
Man denkt an die Etappen, die diesem Meisterwerk vorangingen,
an die anderen Panneaux mit Tänzern, die uns jetzt wie rohe Wirklichkeit erscheinen mögen, an das andere Bild mit Orientalinnen,
das nicht über die Verkleidung hinauskam, an den vergeblichen
Kampf mit Delacroix' Frauengemach. Man überblickt die endlose
Reihe von Bildern, die auf vielen Umwegen in die Höhe, bis schließlich
in dieses winzige Zimmer führten. Und vor solcher Realität verliert

*) Ein Andenken der Reise nach Spanien, die Renoir — ich glaube, im
Jahre 1892 — mit dem Sammler Paul Gallimard unternommen hatte.

das Bedauern über vergangene Möglichkeiten den Stachel. Man vergißt das winzige Eßzimmer, den Spiegel und die ganze Kleinheit unserer Lebensbedingungen. Vielleicht mußte das alles zusammenschrumpfen, um der Phantasie eines Renoir die Flügel zu lösen.

Nicht alle Freunde Renoirs werden meine Schätzung der letzten Periode ohne Widerspruch hinnehmen; noch weniger die Gleichgültigen, die Renoir überhaupt nicht kennen und sich mit den Abbildungen dieses Buches eine Vorstellung zu bilden suchen. Ich habe sanfte Leute vor der Photographie des Porträts der Frau T. und ihres Söhnchens*) in Wut ausbrechen sehen und habe vergeblich auf die Unzulänglichkeit der Abbildung hingewiesen. Es mag zugegeben werden, daß auch das Original dieses Bildes den flüchtigen Betrachter nicht erobert, weil manche dem bequemen Laien nicht immer gelegene Bedingungen kultureller Art zu erfüllen sind, bevor man zum Genuß gelangt, und daß gerade die Bildnisse dem werbenden Verständnis große Widerstände entgegenstellen**). Auch trifft auf die Bilder der letzten Zeit zu, was von frischen Weinen gilt: sie bedürfen der Lagerung. Renoir hat sich früher wenig um die materiellen Eigenschaften seiner Farbmittel und ihre in technischer Hinsicht rationelle Verwendung gekümmert und schrieb manche Unzulänglichkeit früherer Werke diesem Umstand zu. Später zog er auch den Einfluß der Zeit auf die Farben und die Farbenkontraste in den Bereich seiner Fürsorge und erhöhte alle Töne, die später bis zu einem gewissen Grade nachlassen; namentlich die Lacke. Daher das übertriebene Rot mancher Fleischtöne in jungen Bildern. Die Farben „arbeiten" mehrere Jahre, bis sie vollkommen zu dem schönen Email zusammengewachsen sind.

Die Skala gilt vielen für süßlich. Aber diesen Empfindlichen

<hr>

*) In der Sammlung Thurneyßen, München. Renoir hält dieses Bildnis für eins seiner besten. Er malte es im Sommer 1910 während eines längeren Aufenthalts in der Umgebung Münchens. — Von nahezu allen Photographien der letzten Zeit gilt dasselbe: es gelingt nicht, den Eindruck der geteilten Flächen wiederzugeben und die Differenzen der Werte beizubehalten. Die roten Töne werden schwarz. Die Abbildungen wirken dunkel und schwer und fälschen die wichtigste Eigenschaft der Werke, ihre lichte Leichtheit.

**) Die wenigen, zum Teil nicht ganz typischen Bilder der Spätzeit, die durch das Vermächtnis des Grafen Camondo in den Louvre gelangt sind, haben die Situation nicht wesentlich verändert. Das bedeutendste dieser Bilder figuriert unter unseren Abbildungen.

Bildnis der Frau T. und ihres Sohnes. 1910.   (0,80 : 1,00)
Sammlung Thurneyssen, München.

Stilleben. 1909. (0,46 : 0,55)
Sammlung Maurice Gangnat, Paris.
Photographie Druet.

fehlt die Empfindlichkeit für das Beste. Zufrieden mit einer mechanischen Aufnahme der Kunst, nehmen sie Renoir wie mit einem Dreifarbendruck-Verfahren auf, das alle feineren Differenzen unterdrückt und nur das Zuckerstangen-Rosa, die Veilchenbläue und das blinde Weiß, die feststehenden Symbole für den Kommisgeschmack, übrigläßt. Sie sehen nicht die Töne zwischen diesen abgebrauchten Enden einer reichen und ganz originellen Skala und verfahren nicht anders als die flinken Literaturkenner, für die der Reim mit Herz und Schmerz eo ipso zur Poesie der Töchterschule gehört. Vielleicht war wirklich die Vision des früheren Porzellanmalers der Reflex einer mehr oder weniger banalen Farbensymbolik seiner Zeit. Daß in seinen reichsten Variationen immer noch dieser volkstümliche Anfang bemerkt wird, möchte ich als seltenen Vorzug preisen.

Sitzendes Mädchen.   1908/1909.   (0,54 : 0,65)
Legs. Camondo, Louvre, Paris.
Photographie Durand Ruel.

Freie Kopie nach Corot. 1898.   (0,55 : 0,40)
Sammlung Durand Ruel, Paris.

Vermutlich würde man sich anders zu dem Spätwerk verhalten, wenn mehr davon zu sehen wäre. Die öffentlichen
Sammlungen, die ja überhaupt erst anfangen, Renoir als Klassiker
zu behandeln, besitzen nichts aus dieser Zeit. Die Ausstellungen
vergaßen in der Regel den alten Renoir über dem jungen. Erst seit
wenigen Jahren kümmert sich der deutsche Handel um das Spätwerk
und bringt daraus vereinzelte Stücke. Keine Etappe Renoirs ist
weniger für diese brockenhafte Betrachtung geeignet. Man kann
jede der vorhergehenden Perioden aus ein paar Werken kennen
lernen. Die letzte ist, mag das ein Vorzug oder Nachteil sein, auf
die Vielheit der Variationen geradezu angelegt. Die beiden Tanz-
panneaux mögen ihr hervorragendstes Werk sein und mit Recht als
ein Abschluß der Dekoration Renoirs gelten. Doch könnten sie ganz
fehlen, ohne daß die Fülle geringer erschiene. Und diese Fülle,
dieser Überfluß gehört zu dem Sohne eines Delacroix und dem Enkel
eines Rubens. Wir können und möchten uns sein Alter nicht anders
denken. Die drei vorhergehenden Perioden sind große Ströme, an
deren erhabenen Ufern niemand ohne Lust verweilt. Sie kamen zusammen und strömen jetzt in hundert kleineren Armen der Mündung

Vue du Cannet. 1901. (0,65 : 0,54)
Sammlung Maurice Gangnat, Paris.
Photographie Druet.

zu. Keiner dieser Arme hat die gewaltigen Ufer der Ströme. Das
Gelände aber, das die hundert Arme bewässern, ist Renoirs glück-
lichste Provinz. Die Sonne geht in diesem Reich nicht unter.

Ich habe den späten Renoir erst vor den hundert Bildern der
Sammlung Gangnat kennen gelernt, die für ihn das bedeutet, was
die Sammlung Pellerin für Cézanne geworden ist*). In München ver-
sprach die Sammlung Thurneyßen in kleinerem Umfang etwas Ähnliches zu werden**). Sie ist bis heute der einzige Ort in Deutschland, wo man sich über des Meisters Ziel orientieren kann.

---

*) Die Bilder, zirka 120, meist kleinere Formate, stammen fast ausschließ-
lich aus den beiden letzten Jahrzehnten und bilden außer zehn Landschaften
Cézannes und einigen Kleinigkeiten der jüngeren Generation den Bestand der
Sammlung.

**) Sie besitzt zehn Bilder aus dem letzten Jahrzehnt.

Gabrielle. 1907.   (0,31 : 0,34)
Sammlung Maurice Gangnat, Paris.
Photographie Druet.

Zu Renoir gehört, mehr noch als zu Cézanne, der wohnliche
Raum. Und ich möchte fast sagen: der Pariser Raum. Seine
Bilder, die man außerhalb Frankreichs findet, scheinen sich nach
ihrem Vaterland zu sehnen und flößen dem Betrachter die gleiche
Sehnsucht ein. Sein Werk ist noch weniger als das Cézannes
das beziehungslose Neutrum, das unsere Anarchie der Kunst noch
übrig läßt. Als Ziel gilt ihm nicht jener moderne Begriff der
Schönheit an sich, die dem Monstrum verwandt ist. Seine Beziehung zur Mitwelt erschöpft sich nicht mit dem Modell, sein
Ehrgeiz nicht mit dem Bewußtsein individueller Entwicklung. Er
möchte mehr sein als das in der Masse verlorene Individuum, das
wir in die Wolken erheben, wo es von der Masse noch weiter
entfernt ist. Er möchte zur Masse sprechen. Er appelliert an
Menschen, nicht an diesen oder jenen Amateur, der sich irgend-

Rosen. Gegen 1909.   (0,46 : 0,55)
Sammlung Louis Bernard, Paris.
Photographie Druet.

wo eine Burg des Egoismus errichtet; sondern an Naive seiner
Art, an Landsleute, an alle Fühlende seiner Rasse; er möchte an
alle appellieren. Und vielleicht beruht auf dieser Schranke, die jeder
Nichtfranzose spürt, die eigene Macht Renoirs, größere Schranken
zwischen Kunst und Leben hinwegzuräumen. Höheres als seine
Malerei möchte er hinstellen; hinweisen auf das, was ihn werden
ließ; mit seiner Kunst dienen; keine Formenprobleme, sondern das
Leben, des Lebens Notdurft mit Wärme umgürten; schlichter Handwerker sein, getrieben von einem vielen gemeinsamen Gefühl.

Man kann dieses Geständnis zwischen den Zeilen eines Aufsatzes lesen, den er vor zehn Jahren für die neue französische Ausgabe des Cennino Cennini von Victor Mottez geschrieben hat*). Es steht ihm nicht schlecht, diesem alten Traktat der Kunst als Vorredner zu dienen. Er schreibt bewundernd von den „Chefs-d'oeuvre corporatifs" der Alten, die eindringlicher für die Größe einer Epoche zeugten als die Werke ihrer Genies, die ja doch immer über ihre Zeit hinauswachsen, und sieht in dem Aussterben des Handwerks ein bedenkliches Symptom. Der Kunst drohe Verderben, seitdem sie kein Handwerk sei wie Schlossern und Tischlern, das von dem Meister gelehrt, von dem Jungen gelernt wurde und von einer Generation auf die andere überging; seitdem keine Gemeinschaft mehr unter den Schaffenden sei, kein starker Glaube Künstler und Laien verknüpfe, seitdem der Eigennutz der Persönlichkeit das allen geläufige Ideal verdrängt habe. Er klagt nicht, er hat nicht einmal Sehnsucht nach jenen alten Zeiten und verschweigt kaum, wie skeptisch er alle Reorganisationsversuche einschätzt. Er denkt nicht, man könne mit Traktaten von Cennino Cennini die Zeiten des Fresko zurückgewinnen. Es gab vielleicht dreißig Jahre vorher einen weniger gelassenen Renoir, einen Stürmer und Dränger, der bitter klagte und sich sehnte und nahe daran war, den alten Ingres-Schüler Mottez um seinen Cennini und die Fresken in St. Germain-l'Auxerrois zu beneiden.

Dem Alten fehlte der Grund zur Klage. Bis ins letzte Jahr verging kein Tag, an dem er nicht den Pinsel in die gichtbrüchigen Finger nahm, und nie geschah es vergebens**). Durch alle Wirrnisse der Zeit hindurch drang er zum Heil. Die Wärme seiner Hingabe, die Kraft seines Intellekts ersetzte, was ihm die Zunft versagte. Er wurde zum Wisser aller Geheimnisse der Kunst und hat sie in strahlenden Zeichen niedergelegt, für jeden Suchenden verständlich.

---

*) Die schöne Vorrede — ein seltenes Glaubensbekenntnis für einen Impressionisten — ist in Form eines Briefes an Herrn Henry Mottez, den Sohn des Übersetzers, des bekannten Ingres-Schülers, gehalten. Herr Henry Mottez hat die neue, wesentlich ergänzte Ausgabe des Cennini veranstaltet, an der auch Maurice Denis beteiligt ist. Die Vorrede erschien zuerst in der Zeitschrift L'Occident (No. 103 Jahrgang 1910). In dem Verlage der Zeitschrift ist soeben auch das Buch erschienen.

**) Vgl. das vor kurzem erschienene illustrierte Buch von André über Renoir, das nur Werke aus den letzten Kriegsjahren enthält.

Wird er gelesen werden? Wird man diesen lebendigen Traktat von Schönheit und Weisheit nützen? Wird er Schule machen? Bis heute deutet wenig darauf hin. Auf einen Weisen, der zur Ordnung mahnt, kommen Hunderttausende, denen die Wirrnis dient. Auch dieser reinste, gläubigste unserer Meister wird wieder nur den blinden Glauben an Begabung und Persönlichkeit fördern, nicht das Vertrauen auf Wissen und Können, und wird allein bleiben, auch wenn man ihn zum Idol erklärt.

Das ist er den Franzosen schon heute. Sie stellen ihn über Cézanne. Und zwar nicht nur die greisenhaften Leute des ancien régime, die in ihm so etwas wie einen letzten Versuch „Louis XV." erkennen; auch die Jungen, die Jüngsten, die der Anarchie müde geworden sind und zu einem Lehrmeister wie Ingres zurück möchten. Renoirs Zeit kommt noch. Denn diesen skeptisch gewordenen Umstürzlern, die für jeden Klassizismus reif sind, kann der Werdegang des fruchtbarsten Meisters unserer Zeit den Weg weisen, der zwischen Schule und Persönlichkeit zum Heile führt.

Stilleben. Gegen 1905.   (Kleines Format)
Privatsammlung, Paris.
Photographie Druet.

Baigneuses.   Gegen 1897.
Sammlung Prince Wagram, Paris.

(0,73 : 1,01)

Jeunes filles regardant un album. 1899.   (0,65 : 0,81)
Sammlung Durand Ruel, Paris.

Frauentorso. 1906.   (0,73 : 0,92
Sammlung Prince Wagram, Paris.
Photographie Druet.

Coco mit den beiden Mädchen. 1910. (0,54 : 0,65)
Sammlung Maurice Gangnat, Paris.
Photographie Druet.

Photographie nach dem Leben. 1911.

Forain: Bildnis Renoirs. (Lithographie)
Verlag Vollard, Paris.

Verzeichnis der Abbildungen

DRUCKE DER MARÉES-GESELLSCHAFT

HERAUSGEGEBEN VON
JULIUS MEIER-GRAEFE

✶

IN DER
FÜNFTEN REIHE DER DRUCKE
(WINTER 1920)
ERSCHEINT DAS WERK:

PASTELLE VON RENOIR

IN FAKSIMILEDRUCKEN
TEXT VON JULIUS MEIER-GRAEFE

✶

PREIS UNGEFÄHR
MARK EINTAUSEND

✶

DIE GESCHÄFTSSTELLE:
R. PIPER & Cᵒ, VERLAG, MÜNCHEN